НЕИЗВЕСТНАЯ ВОЙНА

ЧЕЧНЯ

ВЛАДИСЛАВ ШУРЫГИН

РУССКИЙ КАПИТАН

ЭКСМО
МОСКВА
2009

УДК 82-3
ББК 84(2Рос-Рус)6-4
Ш 95

Оформление серии *С. Курбатова*

Шурыгин В. В.
Ш 95 Русский капитан : рассказы / Владислав Шурыгин. — М. : Эксмо, 2009. — 320 с. — (Афган. Чечня. Локальные войны).

ISBN 978-5-699-32252-7

Война состоит из мгновений, из короткой автоматной очереди, из крика ярости или боли, из оглушительной тишины после боя. Война в Чечне, увиденная глазами солдата, — совсем не пафосная героическая битва. Это ежесекундное испытание всего, что есть в человеке. Допросить пленного, расстрелять предателя, похоронить друга — тяжелая, изнурительная работа. А завтра снова в бой, и ты должен быть готов к тяжелейшим нравственным испытаниям. Война...

УДК 82-3
ББК 84(2Рос-Рус)6-4

ISBN 978-5-699-32252-7

РУССКИЙ КАПИТАН

Мы молча и хмуро выпили. Так же молча каждый зацепил вилкой по куску тушенки из банки. Зажевал обжигающую, перехватывающую дыхание водку.

...Выпить в армии есть неисчислимое количество поводов. Скорее их даже больше, чем необходимо. Но среди всех, пожалуй, только один, которому никогда не рады, который никогда не ждут, — помин по погибшему товарищу.

Сегодня мы поминали капитана.

Капитан был романтиком. Капитан был рыцарем. Капитан был воином. Конечно, он ненавидел войну, и в словах «романтик», «рыцарь», «воин» нет ни единого поросячьего восторга перед страшной работой убивания людей, в чем и состоит сущность войны. Капитан во всем пытался найти духовность, даже на этой страшной, бессмысленной войне он жил по каким-то своим нравственным законам, которые никогда не преступал сам и не позволял этого делать никому вокруг. Война, бой, смерть, страх были для него не больше чем вызовом. Вызовом его вере, его убеждениям, его морали. И в этом он выковывал их. Как мальчишка радуясь удачам, переживая промахи, капитан не замыкался в мире своей роты, боевого железа, приказов, сводок, рейдов, докладов, построений и всего прочего, что заполняет жизнь офицера на войне «под завязку» до измождения. Война была для капитана еще и возможностью познать совершенно незнакомый ему мир. Он мог часами разговаривать с пленными «чехами» не о том, где их лагерь или сколько гранатометов в отряде, а об истории того или иного аула или об отличии «горных» тейпов от равнинных.

Он долго искал Коран на русском языке, и когда наконец после одного из рейдов кто-то из солдат, зная страсть своего командира, положил ему на стол Коран на русском языке, он уже через неделю свободно цитировал целые суры, а еще через месяц вел долгий богословский спор с муллой кишлака Центорой, за что получил за глаза прозвище у чеченцев «урус иблис» — русский дьявол.

Нет, капитан не стал «гуманистом», и его ненависть к боевикам никак не уменьшилась от знания «послания Пророка» или истории кишлака Гуниб; его разведроту боялись, за голову его чеченцы назначали все большие суммы, количество могил боевиков, «сделанных» разведчиками капитана, неуклонно росло.

Капитан умел воевать. Ведь он был очень «стар», этот капитан. По возрасту своему ему давно уже пора было примерять подполковничьи погоны. В далеком 84-м он закончил училище. По выпуску отвоевал два года в Афгане, потом служил в Прибалтике, там же попал под следствие как «гэкачепист» и «враг литовской демократии». Наверное, это клеймо и поставило крест на карьере капитана. Выше комбата он так и не пошел. С кем он поручался из своих начальников, так и осталось для меня загадкой, но только все представления на майора из округа возвращались с завидным постоянством без удовлетворения. А «старый» капитан тянул свою лямку, успев за это время побывать в Приднестровье, Абхазии и Таджикистане. Дивизия, в которой он служил, считалась «миротворческой», поэтому сидеть на месте ему не приходилось.

Может быть, потому, что жил капитан одиноко, без семьи, которая, как и у тысяч других таких же капитанов, растерялась где-то на ухабах нынешнего лихолетья и безвременья. Рос где-то в Гомеле его сын. А сам капитан, тридцати трех лет от роду, во второй уже раз водил по Чечне свою разведроту...

И вот теперь Петрович привез горькую весть о его смерти.

...Мы пили из стальных, бледно-зеленых «стопок» — бывших предохранительных колпаков на взрывателях минометных мин. На каждом колпаке армейские умельцы вырезали надпись: «Орехово» — место, где мы впервые познакомились с капитаном. Эти «стопки» были его подарком на память. Теперь мы разливали по ним водку, поминая капитана. Между стопками на столе лежала тонкая пачка замусоленных листов. Вперемешку: тетрадные, бухгалтерские формы, чистые изнанки военных рапортов. Это были письма капитана. Из-за них Петрович и приехал в Москву из своей Вологды, где проводил отпуск.

Письма эти Петрович не передал адресату. Почему — не объяснил. А привез их мне, не зная, что с ними делать дальше.

— Эх, какой человек был капитан! — тяжело вздохнул Петрович. — Замечательной души был человек.

И вновь забулькала водка, разливаясь по стопкам.

* * *

Привет, Рыжик!

Прошла уже целая вечность после твоего суетливого, полубезумного побега... Впрочем, о чем это я? Скорее начать надо с того, что вообще не думал, что когда-то буду еще писать тебе. А вот, видишь, как выходит. Странная штука жизнь...

Итак, второй раз я здесь, в Чечне. Ровно год прошел после предыдущей командировки. Тогда уезжал — заканчивали брать Грозный. Шли на Гудермес. Все было на колесах, все было временно. Теперь все иначе. Воюем в горах, а под Грозным теперь — «база». Целый город выкопали в черноземе. Палатки, землянки, «колючка», траншеи, склады, автопарки. Все в земле, все — под землей. Каждый «квартал» — это полк или дивизия. Между «кварталами» — свои улицы. «Пройду по Абрикосовой, сверну на Виноградную». Помнишь? Здесь почти так же, но со своей спецификой — пройдешь по Штабной, свернешь на Дзержинскую (дивизия имени Дзержинского), потом по Госпитальной и за Хлебозаводской на Спецназовскую, к нам.

Вообще, город наш кто-то метко окрестил Шанхаем. Самое то название. Очень точно. Основной строительный материал в «городе» — это брезент, чернозем и неисчислимые отходы «жизнедеятельности» войны. Доски от снарядных и патронных ящиков. Куски шифера с разбитых домов, списанные кузова, тенты и прочая, прочая, прочая. А над всем этим — сотни труб. Как ты догадываешься, центрального отопления у нас тут нет. Все на «буржуйках» «поларисах» (соляровая модификация «буржуйки») и тому подобном. А еще светомаскировка. Ночью выйдешь из палатки — тьма, только трещат тут и там, как сверчки, дизели генераторов, кормя скудным военным электричеством радиостанции, штабы, палатки. А над Шанхаем — причудливый частокол труб на фоне «вечного огня» — зарево горящей уже полтора года скважины, что на склоне горы перед нами. Наш «Александрийский маяк».

Сюрреалистический, скажу тебе, пейзаж. Хрустит где-то щебенка под сапогами часового, да дождь (по натянутому брезенту он стучит с особым «барабанным» звуком) засыпает все вокруг.

Кстати, дождь у нас особый катаклизм. В дождь наш Шанхай превращается в бесконечную полосу препятствий. Чернозем быстро раскисает в белесую липкую и жирную, как клейстер, грязь. И тогда — все. Тридцать метров до штаба — это цирковое выступление эквилибриста. «Улицы» — целые грязевые реки. Пройдет мимо техника — только лицо прячешь, а так — оттирать бессмысленно, только сильнее вотрешь. Засохнет грязь — сама отвалится. В палатках — сырость, духота, угар. Дрова мокрые — тепла не дают, только чад. Форма, спальники отсыревают так, что, кажется, в мокрое полотенце заворачиваешься. А тут еще мои «раздолбаи» хреново палатку натянули. Прямо над моей койкой «карман» образовался. А в нем — полванны воды. К утру даже прорезиненный брезент не выдержал — дал течь. Проснулся, как младенец, — весь мокрый.

В общем, если исключить «лампочку Ильича» и радиостанции, то с точки зрения быта армия как жила при Суворове или Ермолове, так и живет. «Наши матки — белые палатки».

Странная мы страна. Одной ногой в космосе, в двадцать первом веке, а другой — в дремучем Средневековье. Обидно вот только, что армии почему-то все одно Средневековье достается.

Вот, пожалуй, и все. Выговорился — и на душе легче стало. Так что, наверное, это и не письмо вовсе. А просто мысли вслух. Да и к чему тебе эти письма? Надеюсь, твоя душа в порядке. Твои дела — о'кей, твое будущее — безоблачно.

Год назад ехал сюда, а думал только о том, как вернусь к тебе. А теперь мне некуда торопиться. Теперь я здесь дома. Это мое Средневековье. А ваш «индезидный», «ровентовский», «бошевский» двадцать первый век застыл где-то далеко-далеко, в замерзшем янтаре ушедшего декабря.

* * *

Привет, Малыш!

Сегодня поймал себя на крамольной мысли, что очень часто мысленно разговариваю с тобой. Рассказываю тебе, что видел, что пережил, о чем думаю.

Честно говоря, меня это разозлило. Мне казалось, что я выдавил тебя из своей души; не забыл, но хотя бы перестал чувствовать. Перестал болезненно сжиматься при воспоминаниях, мучиться мужским ревнивым томлением по ночам. А вот глядишь, откуда ты ко мне пробралась. Собеседник ты мой, боевой. Ну да ладно. Поскольку у нас сейчас утро и отдых, а у тебя в столь ранний час пятый сон в твоем со всех сторон приличном и благополучном доме, почему бы нам не поболтать?

Вот уже месяц, как я здесь. И чем больше недель я здесь, тем все больше и больше засасывает меня эта война. Она действительно совсем не похожа на те, что были до. Ни на Афганистан, ни на Абхазию, ни на Таджикистан. Эта война словно пришла из какого-то дремучего Средневековья. Я еще не могу выразить словами ее понимание, а скорее чувствую. Пожалуй, впервые я как офицер, как солдат столкнулся не просто с врагом, как «ролью» («мы» — «они»), а с врагом по предназначению, по сути. С большой буквы.

В Афганистане тоже были враги. Но, воюя с моджахедами, я почти не встречался с культивируемой ненавистью к России, к русским. Это скорее были враги «по необходимости». Кто-то мстил за погибших, кто-то воевал, согласно племенному решению, кто-то за деньги. В Афганистане не было того, с чем я все чаще сталкиваюсь здесь, в Чечне, — культа войны с Россией. Культа многовекового, тщательно взращиваемого и культивируемого.

Ненависть к России, к русским здесь воспитывалась куда раньше, чем, наверное, любовь к матери или к отцу. Пока мы играли в Советский Союз, в социализм, в интернациональную дружбу, здесь складывалось и воспитывалось целое общество, чей символ был «нохча» — волк. Животное подлое, беспощадное. И надо сказать честно, мы оказались куда меньше готовы к этой войне, чем они. Прежде всего духовно, морально.

Я завидую их единству, их преданности общей идее, их национальной сплоченности и монолитности.

Чеченка никогда не приедет забирать сына из отряда, как бы бездарно ни воевал его командир (а таковых среди них хватает с избытком). Чеченец никогда не пустит сына на порог своего дома, если узнает, что тот сбежал или струсил. Любого агитатора «за мир», типа нашего Ковалева, здесь прирежут, как барана, и откажутся хоронить «по обряду» при первом же его выступлении.

Здесь гордятся тем, что их сын (брат, муж) погиб «на войне с русскими».

Везде культ оружия, культ мужчины, культ воина.

А у нас... А у нас ковалевы, новодворские. А у нас мамаши толпами снуют по фронту, растаскивая по российским щелям своих сыновей. А у нас погибшего солдата по две недели не могут отправить домой. А у нас главный герой — бандит с золотой цепью в палец толщиной или лысый «риелтор» с замашками бухгалтера Корейко, на «шестисотом» «мерсе».

Чем дольше я здесь, тем сильнее понимаю, что, в сущности, мы одиноки. Мы — это батальоны и полки, которые дерутся здесь и носят громкое название «федеральных сил», а по сути — отряды русских мужиков, отправленных в Чечню неизвестно зачем. За нами нет Государства, которое бы осеняло нас своей идеей, своей мощью, своей поддержкой.

Идея у нынешних правителей только одна: как у власти подольше удержаться да нахапать поболе.

О помощи и поддержке вообще лучше молчать. Вся боевая техника давно устарела и физически, и морально. Да что там техника. Формы, и то нет. Бойцы мои воюют кто в чем. «Мабуту» выдают на полгода, а она, старая и гнилая, и месяца не выдерживает. Лезет по швам.

«Лифчики» и «разгрузки» — самопальные. Бронежилеты — «времен очаковских и покорения Крыма».

Мало того, что тяжелые, так ведь еще и бесполезные. Пластины съезжают куда-то на живот. Грудь, шея всегда открыты.

Едим — что попало. Еще на «базе», в Ханкале, — более-менее. Горячая еда. А здесь, в горах, по трое суток — на «сухпаях», а под конец рейда так и тех нет. Рассчитывали на две недели, а гуляем по горам уже месяц... Вот и тянем — банку тушенки на троих в сутки.

Мы действительно одиноки и никому здесь не нужны. Ни президенту, ни министру, ни депутату, ни народу нашему российскому. Ему тоже все «по барабану». И Чечня эта, и война, и мы...

Так что, штыки в землю? И дерись, это война — провались?

Вот здесь-то и вся загвоздка. Не можем. Не получается. Когда впервые сталкиваешься с той реликтовой ненавистью, которая столетиями копилась здесь к России, то вдруг понимаешь, что уйти, все бросить — значит, сломаться, предать. Предать себя, предать Россию (хотя ей и не до нас).

Наше упорство, наша ненависть, наша боеспособность — это ответ на то, что мы здесь увидели.

Да плевать мне на нынешнюю жирующую, торгующую Россию! Ешьте, пейте, богатейте! Не вам служу.

Я со своими мужиками здесь увидел и понял такое, что вам и объяснять-то бессмысленно. Что для вас теперь слова «честь», «Родина», «Россия»? Есть враг. Есть ненавидящий нас народ, есть армия, воюющая против нас, а значит, есть мы. Батальоны и полки, которые будут драться здесь до конца. Потому что даже самый зеленый солдат, провоевавший здесь хотя бы два месяца, уже очень хорошо понимает: этих надо «валить». «Валить» здесь, сейчас и до конца. Иначе однажды «они» придут в Россию, чтобы «валить» нас, делать рабами, покорять. Так их воспитали, в это они верят! К этому они готовились.

Было бы тушенки побольше. Да форма хорошая, справная. А уж если и связь будет надежной, так и вообще жить можно...

* * *

...Хотел бы тебе объяснить, как тяжело и мучительно терять людей. Терять своих солдат. Тяжело всем, а мне особенно. Ведь я — командир, я отвечаю за все. Мне доверены жизни шестидесяти трех русских мужиков. Старшему — тридцать восемь, младшему — неделю назад было девятнадцать. Теперь нас — шестьдесят один. Вчера погиб Юра Новиков — контрактник из Курска. Пулеметчик. Его второй номер, Валера Приходько, тяжело ранен в грудь. Дай бог, чтобы остался живым. Вертушка увезла его на Ханкалу...

Мы выходили к окраине аула по лесистому скату горы. Впереди разведдозор. В него обычно идут самые отчаянные мужики. И только контрактники. Своих мальчишек-«срочников» мы бережем. Из-за чего с ними все время конфликты, скандалит молодежь: мол, держат нас на «обеспечении» — «подай», «принеси», «свари», «дежурь ночью». Им подавай рейды, засады, налеты. Вообще весь «рэмбовский» набор.

А я уже заметил, что «контрактники» при хорошей организации воюют лучше, расчетливей, хладнокровней «срочников». Это и понятно: взрослые мужики, жизни со всех сторон понюхали, не дергаются, головы не теряют, не «геройствуют» почем зря. С ними беда в «мирной жизни» — на Ханкале, в гарнизонах. Скука, казармы, рутина — одна радость, бутылка. Хотя теперь, от всеобщей безработицы, среди контрактников все меньше «синяков» — тех, кто в армию из подворотни или ЛТП попал, а все больше крепких мужиков. Отцов семейств. Работяг. Только нет теперь работы, заводы позакрывались. Колхозы разорились. А дети растут, дома ветшают. Вот и едут от этой безысходности люди сюда. Деньги войной зарабатывать. Страшно. Горько.

...А мне, как ни странно, лучше. Ко мне хороший солдат приходит. Исполнительный, умный, стойкий. Тяжело, конечно, перед тридцатилетними мужиками себя командиром поставить. Это не вчерашних школьников муштровать. Зато уж если в тебя поверили, тогда за тобой в огонь и воду. Со всем ко мне идут. У одного жена в больницу слегла, второй на прапорщика хочет учиться, третий просится в механики-водители...

В общем, тридцатитрехлетний капитан для них «царь, бог и воинский начальник».

Знаешь, Рыжик, странное это чувство — командовать «контрактниками». Словно очутился где-то на Отечественной войне или и того раньше — при царе, когда по двадцать пять лет служили. Мой «посыльный-ординарец-телохранитель» и просто «батя» Антон Семеныч. Тракторист из-под Красноярска. Тридцати восьми лет. Под два метра ростом, косая сажень в плечах. Седой как лунь. Трое детей дома, жена. А меня называет только по отчеству, опекает, точно как батя.

Вернешься в ночь-полночь с постов или с засады — печка жаром пышет, чай на ней только-только закипел, каша на сковороде, словно сказал кто-то: во столько-то приду. А ведь никто не скажет.

После боевых проснешься, а вся форма уже на солнце или над печкой досушивается. И ведь сколько с ним боролся, ругал, запрещал. Неудобно ведь... А он все одно...

...Не убереглись мы. Потеряли хорошего солдата. Три месяца без потерь. И вот — на тебе!

В густом орешнике дозор почти в упор выкатил на «чехов» — чеченцев. Тех человек двадцать. Наших — пятеро. Бой в горном лесу — страшная штука. Все в упор, все на расстоянии броска гранаты, глаза в глаза.

Здесь главное, кто быстрее, кто раньше среагирует, раньше стрелять начнет.

«Чехи» нас тут явно не ждали. Растерялись. А наши со всех стволов по ним. Настрогали «чехов», как дров. Потом мы пятнадцать трупов насчитали. Да только уж слишком неравным был бой. «Чехи» быстро сообразили, что наших мало, и стали обходить, брать в кольцо.

Пришлось отходить. Пулеметный расчет прикрывал отход. Тут их и достал гранатометчик. Юра погиб на месте. Принял в себя большую часть осколков. Валеру контузило взрывом, но он товарища не бросил, начал вытаскивать. Здесь и его достал снайпер: в грудь навылет... Когда мы отогнали «чехов», он уже без сознания был. Бредил.

Господи, сделай так, чтобы он остался живой! Сохрани жизнь солдата русского!

...Чем дольше я здесь, тем все дальше и дальше уходит от меня то, что называлось мирной жизнью. Я уже и не помню, как жил до Чечни. То есть, конечно, помню, но все это мне кажется уже нереальным, не из моей жизни. А в мире только и есть, что эти горы, эти леса, дожди и долгие-долгие походы. Бои, ночевки, засады, рейды.

Иногда ночью, когда я смотрю на звезды, мне все время бросается в глаза одна и та же звезда. Багрово-белая, яркая, жестокая.

Иногда мне кажется, она словно высматривает меня, ищет. В эти минуты нестерпимо хочется спрятаться, затаиться. Исчезнуть из-под ее кровавого, ищущего взгляда.

Холодом стискивает грудь. Не то предчувствие, не то тоска, не то просто усталость...

* * *

Малыш!

Почему я пишу тебе? Ведь все равно эти письма ты не прочтешь. Я их не отправлю. Да и тебе они не нужны. Тогда зачем пишу? Давно ведь все решили. Ты уверенно и бодро строишь новую счастливую жизнь. У тебя теперь свой дом, достаток в нем. В общем, есть все, чтобы, как сказал Абдулла: «Спокойно встретить старость». Я зарекся видеть тебя, думать о тебе. Я дал себе слово — всему назло стать счастливым. Я даже научился спать с другими женщинами (не простое это дело — после семи лет любви!). Была и та, которая хотела остаться в моей жизни. Наверное, не хуже тебя. Спокойная, заботливая и совсем не взбалмошная. Почему же тогда, вместо того чтобы строить жизнь с молоденькой девчонкой, я уехал сюда?

Хотел забыться? Теперь, рядом с моими мужиками, разделив с ними сотни километров дорог, рейдов, намерзшись на всю оставшуюся жизнь, пережив и горечь утрат, и «ленивый кайф» побед, идея «забыться» мне кажется кощунственной, недостойной этих людей, этой войны.

Забыться можно было и там, в миру. Есть водка, есть женщины, есть куча игр в «реальность», которые помогут забыть что угодно.

Чем больше месяцев проходит после того вечера, тем лучше я понимаю, что сюда меня привело не желание забыться, не поиск приключений и уж тем более — не поиск «красивой смерти на войне». Сюда я приехал, чтобы обрести веру.

Веру во все то, что много лет составляло мою жизнь. Много лет ты была для меня этой верой. Много лет ты была для меня точкой отсчета. Тобой начиналось все и тобой заканчивалось. Тебе возносились молитвы, воскуривался фимиам. Вокруг тебя кружился мир. Да, собственно говоря, — мир и был тобой. И вдруг все рухнуло. «Бог отвернулся от нас». Небеса упали на землю.

Извини за высокий «штиль» — это скорее ерничество. Я так и не научился говорить серьезно о чувствах.

Я приехал сюда, чтобы вновь обрести веру. Понять, что истины не сокрушимы. И любовь все так же выше закона. И милосердие выше справедливости. Что мир держится на дружбе и верности.

И здесь, за эти месяцы, мне открылась еще одна истина. Или парадокс. Дело в том, малыш, что на самом деле наш разрыв ничего не изменил в отношениях между нами. Мы его прокричали друг другу, продекларировали. А вот разойтись, расстаться, разорвать то, что нас соединяло и соединяет, так и не удалось. Мы все так же едины и все так же мучаемся разделенностью.

Мне жаль тебя. Тебе сейчас куда тяжелее, чем мне. Ты с ревностью неофита строишь сейчас то, что толком не представляешь, и служишь тому, во что сама не веришь.

Можно придумать себе хоть десять сверхцелей жизни. Можно даже положить полжизни на выполнение их. Только куда бежать от безумной, высушивающей душу боли под сердцем и пустоты очередного надвигающегося бессмысленного дня...

* * *

Рыжик!

Я тяжело болен этой войной. Мне кажется, что в мире больше нет ни столиц, ни курортов, ни дискотек, ни ресторанов. Только эти горы, эти леса.

Самое обидное — это то, что солдаты эту войну давно выиграли. Мы хорошо знаем все замашки «чехов», их привычки и повадки. Наш Генерал почти играючи (знать бы, чего это ему стоит!), без потерь берет их главные твердыни и крепости. Мои мужики сами рвутся в бой. Их не надо ни за что агитировать. Все хотят «додавить душков», «кончить их». А Москва все знает. Москва стреляет нам в спину. Когда наши батальоны в очередной раз додавливают «чехов», загоняют их в горы, добивают — следует из Москвы команда «стоп!», и начинаются переговоры.

Боевикам дают время прийти в себя, перевооружиться, отдохнуть и... взять все, что мы у них отбили. На моей памяти это было уже дважды. Сейчас третий раз. Нас опять выводят. Опять подписывают с «духами» какие-то договоры, как будто всего этого уже не было. Как будто им можно верить.

Мы возвращаемся на базу. Мы спускаемся с гор. Мы угрюмы и злы. Нам опять не дали «доделать войну». И тяжелое чувство теснит грудь. Ничем хорошим это не кончится...

* * *

Письма капитана лежали на столе. Его боль, его любовь, его вера, его мысли. Он, оказывается, был совсем не таким, каким выглядел. Не суровым, не «боевиком», не «железным мэном». Он был просто русским капитаном на чеченской войне.

— Петрович, почему же письма ты не отдал?

— Так я думал, она жена его бывшая или какая одинокая женщина. И ей они будут нужны.

— А она что же?

— Она? — Петрович нахмурился. Вздохнул. — Она — жена мужняя. И всегда ею была. А капитан наш для нее — это так... баловство одно было.

— Это тебе она сама сказала?

— Нет. Я с ней и не говорил вообще. Мне капитанов брат объяснил, к кому эти письма. Любопытно только было посмотреть на нее. Какая она. Позвонил в дверь. Открыла. Извинился. Говорю — ошибся квартирой. Тут и мужик ее вышел. Здоровый мерин. А живут за стальной дверью, броня толще, чем у БМП. Боятся...

— Так почему баловство-то? Может, она его любила?

— Э... молодой ты еще. Когда любят — вместе живут. А если другого мужа жена — так значит одно баловство.

Эх, капитан, капитан...

Сколько девок вокруг молодых и красивых.

Мы захмелели. И потому пили уже без разбора. Не чувствуя ни вкуса, ни крепости. Как пьют мужики, чтобы уже не просто захмелеть «для куражу», а чтобы размякнуть душой, вырвать из нее водкой, исповедью, песней острый шкворень боли.

Мы пили и пели.
Зачем, механик, ты так рвался?
Зачем машину быстро гнал?
На повороте — растерялся
И «чеха» справа не видал...

Мы поминали капитана и всех павших наших друзей. Петрович плакал...

ДОЛЖОК

— Бабу хочу! — Эрик Хабибуллин страдальчески зажмуривает глаза. — Такую, что бы ууух! — Эрик сжимает кулак с такой силой, что костяшки пальцев белеют. — Чтобы ноги от коренных зубов. Чтобы сиськи были, как арбузы крепкие. Как у Мишель Пфайфер...

Зампотыл Непейвода, читающий на койке затертый детектив, не выдерживает и отрывается от книги:

— Эрик, какие у нее арбузы? Ты чего? Она же плоскодонка. Грудью в отца пошла.

...Зря он это сказал. Знает же, что Пфайфер несбыточная мечта лейтенанта Хабибуллина. Сейчас начнется...

И точно. Горячие татарские глаза Эрика тут же вспыхивают негодованием.

— А ты ее щупал? — закипает Эрик.

— Нет, Эрик, не щупал, — неторопливо и веско отвечает Непейвода.

...На этом можно и закрыть тему, успокоиться, но, как известно, хохол татарину под стать.

— ...Не щупал. И щупать не хочу! У твоей

Пфайфер сиськи надо с лупой искать. В фильме, где она с Николсоном играла, ее показывали «в натуре». Без слез не взглянешь!

— Да что ты понимаешь в бабах? — взвивается Эрик. — По-твоему, баба — это корова с центнер весом и ногами, как у слона.

Непейвода садится на койке. Плохой признак...

— Да уж побольше тебя понимаю. Я за свою жизнь их перепробовал — дай бог каждому! А ты вон скоро от застоя в яйцах на выхлопную трубу полезешь...

— Так, стоп! — вмешивается наконец в перепалку командир. — Кончай базар! Закрыли тему! А то вы сейчас еще и подеретесь, горячие эстонские парни.

— Олег Сергеевич, ну чего он... — не успокаивается Эрик.

— Хабибуллин, вообще-то Непейвода майор. И тебе стоит уважать его заслуженные седины и нажитый на службе геморрой. Все! Шабаш!

С командиром никто не спорит. Сергеич всегда авторитет в последней инстанции.

Непейвода, недовольно сопя, опять ложится на койку и утыкается в детектив Пронина. Эрик хватает со стола свои сигареты и, набросив на плечи бушлат, выходит из палатки. Все возвращаются к своим делам, точнее — безделью. Вечер. Октябрь. Дождь дробно сыплет по прорезиненной крыше. Шипят в «буржуйке» сырые поленья. Зябко. Сыро. Еще один день командировки подходит к концу.

— Володя, чего ты к Эрику прицепился? — вдруг нарушает молчание начштаба Аверин. — Ты же видишь, парень весь извелся. Седьмой месяц с нами ходит. Ты-то вон только полтора месяца как из дома от жены. А парень не женат, да еще и татарин. Это же понимать надо. Горячая кровь. Ему, может быть, без бабы хуже, чем тебе без сала...

После этого слова в палатке повисает звенящая тишина. Аверин — известный шутник, — и зампотыл — вечный объект аверинских шуток.

— Ладно, проехали! — примирительно бурчит Непейвода. — Случайно вышло. Только, между прочим, я в Йемене год без бабы прожил — и ничего. На стенки не бросался.

— Ну, без бабы — это понятно, — солидно замечает Аверин. — Нет невозможного для советского человека. Но как ты год без сала обходился — ума не приложу? Видимо, тогда ты, Володя, и поседел...

Последние слова начштаба тонут в дружном хохоте.

— Да пошел ты! — беззлобно огрызается седой как лунь Непейвода. — Можешь теперь про мой ящик вообще забыть.

Народ опять хохочет. Все знают, что под кроватью зампотыла стоит автоматный ящик, в котором хранится несколько здоровых пластов засоленного по личному рецепту Непейводы сала, которое он достает, когда у обитателей командирской палатки заводится бутылка-другая водки.

Но Аверина этим не проймешь:

— Ты не торопись с решением, Антоныч! У тебя когда срок командировки выходит? Через полтора месяца? А у меня через два с половиной. Смотри, может так получиться, что обратно вместе полетим...

— Да и ладно. Полетим! — оживляется Непейвода. — Только за эти два с половиной месяца ты у меня на такой диете сидеть будешь, что Мишель Пфайфер рядом с тобой борцом сумо будет казаться.

— Все! Сдаюсь! — улыбается Аверин. — Иметь врага замполыла хуже, чем у Басаева в кровниках ходить. Там еще бабушка надвое сказала, а замполыл точно со свету сживет...

...Еще Эрика называют Эльфом. Эльф был его радиопозывной в Грозном. Так он за ним и закрепился. На Эльфа он не обижается, даже гордится.

Невысокий, смуглый Эрик красив какой-то особенной восточной красотой. Точеная фигурка, узкие бедра. Рельеф мышц, ни капли жира. Есть в нем что-то удивительно хрупкое, кукольное, что действительно напоминает эльфа.

Эльфу прощают панибратство, и вообще он любимец отряда.

История его появления в отряде проста и банальна, как вся глупость этой войны.

Семь месяцев назад во время очередного штурма Грозного «советы» — так почему-то здесь называют армейцев — придали нашему отряду взвод танков из какого-то питерского полка. За две недели боев два танка было подбито, и их эвакуировали в тыл, один сгорел, подорвавшись на фугасе у здания Совмина, а четвертый — взводного, вместе с нами прошел через весь Грозный, расчищая своим стодвадцатипятимиллиметровым орудием проходы для боевых групп, «вынося» из окон снайперов и пулеметные гнезда. После Грозного нас почти сразу кинули под Гудермес. О том, что с отрядом уже две недели воюет чужой танк, в штабе просто забыли. Конечно, в конце концов командир запросил штаб, что делать с чужим танком.

Оттуда дали команду — возвратить «семьдесят двойку» «советам». Но легко сказать, а вот как сделать? По последним данным, полк Эрика воевал где-то в горах за Аргуном. Недолго посовещавшись, решили взять танк с собой. От Гудермеса до гор куда ближе, чем от Грозного...

Под Гудермесом «семьдесят двойка» вновь помогла отряду, «в легкую» расковыряв укрепрайон «чечей», через который мы пробивались. А потом прилетел мой сменщик, и я вернулся в Москву на базу, где за четыре мирных месяца почти забыл и Эрика, и историю с танком.

Но каково же было мое удивление, когда первым, кто встретил меня в расположении отряда, когда я добрался с колонной «советов» под Ведено, где теперь стоял отряд, был Эрик!

— Эльф, ты, что ли? — удивленно вызверился я. — Вы че, рядом стоите?

— Кто мы? — удивился Эрик, обнимая меня за плечи.

— Ну, как кто? Танкисты. Полк твой...

— Какой, на хер, полк? Я так до сих пор с вами и хожу... — радостно сообщил Эльф.

Вечером, за стаканом привезенной мной «Столичной», начштаба рассказал продолжение Эриковой истории.

...Под Гудермесом отряд застрял почти на месяц. Связи с группировкой, в которой воевал полк Эрика, не было. Чтобы добраться до нее, надо было сначала вернуться в Грозный, потом двигать в сторону Аргуна и по ущелью пробираться в расположение танкового полка. На согласование и утряску всех вопросов по возвращении «семьдесят двойки» ушло почти две недели.

В штабе группировки никак не могли взять в толк, откуда у «вэвэшного» отряда спецназа очутился армейский танк поддержки и как его «советам» возвратить.

Судя по всему, штабные не очень горели желанием отчитываться перед армейцами за судьбу еще трех танков, которые были потеряны в Грозном и уже давно забыты...

Наконец пришла команда: с ближайшей колонной отправить танк на Ханкалу! И здесь вновь вмешался его величество случай. Прямо на выезде из лагеря колонна попала под обстрел гранатометчиков. Один из «чечей» засадил гранату в трансмиссию Эриковой «семьдесят двойки». Танк выдержал попадание, остался на ходу, но упали обороты двигателя, поползла температура.

Пришлось вернуться. На ремонт ушло еще две недели. И когда наконец Эльф был уже вновь готов к отъезду, по телевизору в программе «Время» показали, как из Грозного уходят домой эшелоны Эрикова полка. Диктор торжественно объявил, что последняя колонна энского полка покинула Чечню...

Надо отдать должное Эрику, он стоически перенес это удар.

— Интересно, как меня списали? — хмуро пробормотал он. — Как без вести пропавшего или героически погибшего?

— Как украденного инопланетянами, — хмыкнул начштаба...

Так у отряда появился свой танк.

Собственно говоря, решение было принято простое. Возвращаться «в никуда» Эрик не хотел, и потому сошлись на том, что «семьдесят двойка» Эрика действует с отрядом до тех пор, пока он не вернется на базу в Ханкалу. Там Эрик переезжает к «советам» для дальнейшего определения судьбы.

Но неделя шла за неделей, а отряд все так же «тралил» горную Ичкерию.

За эти месяцы отряд устал. Устали люди, устала техника, даже оружие и то устало. Когда-то новенькие, «с нуля», бэтээры теперь напоминают больных стариков, когда, сопя и кашляя, как астматики, они на пределе изношенных своих движков еле карабкаются в горы. Рябые, с выгоревшей от бесконечной стрельбы краской, стволы пулеметов. Помятые, облупившиеся, в рыжей ржавчине борта. Штопаные-перештопаные камуфляжи, измочаленные, драные, латанные палатки. Не воинская часть — табор!

Но что вы хотите? За спиной полтора года войны! Четыре последних месяца мы в горах безвылазно. Сотни километров дорог. Десятки кишлаков. Потери. Бои.

Люди на полнейшем запределе измотанности, усталости.

И все же мы отряд!

Это странный русский менталитет, когда никто не жалуется, не клянет судьбу, а вернувшись с гор ночью и тут же получив новую задачу, народ безропотно начинает готовиться к рейду. Всю ночь «механы» будут возиться с техникой. Заправляют, чинят свои измотанные, выходившие весь мыслимый ресурс бэтээры. В группах бойцы набивают патронами ленты и магазины, заряжают аккумуляторы радиостанций, латают ползущие от ветхости ветровки и штаны. И лишь под утро забудутся на пару часов во сне. Черном, глубоком, без снов.

А потом, проглотив наскоро каши с рыбными консервами — тушенка давно закончилась, как закончились хлеб и масло, — с какой-то обреченной лихостью рассядутся по броне — и вперед! «Мы выходим на рассвете...»

«Семьдесят двойка» Эрика — наш главный калибр.

На зачистках танк обычно ставят где-нибудь на горке, чтобы его было хорошо видно из поселка. Периодически Эрик прогревает движок, медленно поворачивает башню, поводит стволом, словно огромным хоботом вынюхивает что-то внизу. И вид этой громадины завораживает «чечей». Ни разу за все эти месяцы они не решились на зачистке обстрелять нас, устроить в ауле засаду.

Но, конечно, больше всего он помогает в боях. У Эрика просто какое-то звериное чутье на опасность. Помню, под Белгатоем, когда мы колонной подходили к какой-то разрушенной ферме, Эрик вдруг развернул башню и всадил снаряд прямо в руины. Ахнул разрыв. В воздух полетели какие-то ошметки, камни, бревна, и тотчас из глубины руин навстречу колонне ударили пулеметы, забегали «чечи». Но расстояние было слишком большим для засады, и мы просто «вынесли» боевиков.

Потом, бродя среди руин, собирая оружие и документы убитых «чечей», мы вышли к воронке от эриковского снаряда. На ее краю в крови валялись изуродованные трупы боевиков, и здесь же стояла почти неповрежденная установка ПТУРа, и на старом одеяле — три ракеты к нему. Пройди мы вперед еще пятьсот метров, и сколько бы из нас уехали домой в «цинках», можно только гадать.

...Ведено по-чеченски — «плоское место». Плоскогорье. Когда-то здесь был последний оплот Шамиля. После взятия русскими аула Ведено Шамиль отошел в горы, где в кишлаке Гуниб и был пленен. Сегодня все повторяется с точностью до наоборот. Сначала мы взяли Гуниб — теперь вот Ведено...

Но здесь, в предгорьях Ведено, война замерла.

В Ведено воевать нам не дают. Как только армия дошла до этих мест, так с гор сразу потянулись парламентеры.

Ходоки-посланцы с окрестных аулов лукаво клянутся в миролюбии и верности. Лезут обниматься, прижимаясь по традиции небритыми скулами к нашим скулам. Ценят «чечи» эту «древнюю Ичкерию».

— О чем разговор, камандыр? Ми всэ совэтские луди. Мирныэ крэстянэ. Здэс нэт боэвыков. Хлэбом клянус! Прыходыли чужиэ, но мы их выгналы. Рабов? Нэт никакых рабов. Грэх это, аллах запрэщает... Прыходытэ, все проверятэ, ми открыты. Только нэ бэзобразнычайтэ. Грэх бэдных обижат. Ми самы всэ дадым, что попроситэ...

...Они готовы подписать что угодно, хоть договор с Иблисом — мусульманским дьяволом, лишь бы выжать, выдавить отсюда армию. Не дать ей сделать здесь ни одного выстрела.

Это там, в долине, в чужих кишлаках они легко и безжалостно подставляли чужие дома под русские снаряды и бомбы. Это долинным чеченцам пришлось познать на себе весь ужас этой войны: руины разрушенных кишлаков, пепелища родных домов, смерть и страх. Здесь же «горные» «чечи» поджали когти перед русской военной мощью, замерли. Это их гнездо, это их вотчина. Ее они хотят сохранить любой ценой.

И группировка поневоле втягивается в эту игру. Привыкшая воевать, стирать с лица земли опорные пункты врага, ломать огнем и железом сопротивление, она сейчас неуклюже и недовольно занимается «миротворчеством» — переговорами с «бородачами», с какими-то юркими «администраторами», «делегатами», «послами», у которых как на подбор «пришита» к губам улыбка, а глаза блудливо шарят по округе, не то подсчитывая технику, не то просто прячась от наших глаз.

И командующий, и «послы» отлично понимают всю лживость и неискренность подписанных бумажек и данных обещаний, потому переговоры идут ни шатко ни валко. Как-то по инерции, лениво и безразлично.

Армейский же «народ» — солдаты, взводные, ротные — мрачно матерится в адрес «переговорщиков».

— Смести тут все к ебеной матери! Выжечь это змеиное гнездо и забросать минами, чтобы еще лет пять они боялись сюда вернуться. Вот дедушка Сталин мудрый был. Знал, как с ними обращаться. Без бомбежек и жертв. Гуманист! Не то что Ельцин.

— ...Хрена ли дадут переговоры! У них здесь логово. Мы уйдем — они опять сюда все стащат. И оружие, и технику. Базы развернут. Рабов нахватают по России. Сжечь бы здесь все дотла!

Зачистки проходят муторно и бессмысленно. За пару дней до зачистки приходят послы. С ними долго договариваются о времени и порядке проверки. Потом, наконец, настает наш черед.

В селах нас нахально встречают бритые наголо «бородачи», в глазах у которых застыла волчья тоска по чужой крови. Они не таясь ходят, поплевывая сквозь зубы вслед бэтээрам. У всех новенькие российские паспорта, справки беженцев. Придраться не к чему. Они нынче «мирные», с ними подписан «договор». Но уйдет группировка, и вслед за ней уйдут в долину эти. Уйдут убивать, грабить, мстить. Но сейчас тронуть их «не моги» — миротворчество. Ельцин не велит. Его бы самого сюда — под пули!

Понятно, что при таких досмотрах мы ничего не находим. Ни оружия, ни боеприпасов, ни складов, ни рабов. Все вывезено в горы, все спрятано, все угнано и ждет нашего ухода.

Собственное бессилие угнетает...

Очередная зачистка закончена. В благодарность за «гуманизм» местный старейшина — крепкий бородач лет сорока, в мятом двубортном костюме, дорогой кожаной куртке и неизменной бараньей шапке — приказывает принести бакшиш — подарок. Через пару минут нам приволакивают двух баранов.

— Это наш подарок!

Видно, что животные старые и больные. Овца с мутными гноящимися глазами, болезненно раздутая, баран ей под стать — весь в свалявшейся шерсти, какой-то зачуханный, вялый.

От этой неприкрытой наглости лицо командира просто каменеет.

— Спасибо, нам не надо!

Старейшина надувается как индюк.

— Нэ обижайтэ отказом бэдных горцев. В знак нашей дрюжбы. Нэ принят подарок нэльзя, это оскарблэние...

— А кто тебе сказал, что я хочу с тобой дружить? — не выдерживает Сергеич. — Да будь моя воля, я бы от твоего аула камня на камне не оставил. Ты думаешь, спрятал все в горах, и мы поверили, что вы тут мирные? А не у тебя ли месяц назад Идрис свадьбу гулял? Он ведь четвертую жену из твоего аула взял. Его небось не такой дохлятиной угощал? — Командир пинает лежащего у ног барана, и тот испуганно блеет.

Смуглое лицо чеченца сереет. Скулы сжимаются в камни, глаза наливаются черным огнем, но командир уже этого не видит. Отвернувшись, он командует:

— Все! По коням! Домой! — И бойцы тотчас начинают рассаживаться по бэтээрам. Последним на броню залезает командир. Колонна трогается. На земле остаются лежать связанные бараны. Боковым зрением я замечаю, как старейшина тоже зло пинает овцу и та судорожно пытается встать на связанных ногах...

...Бэтээр на марше очень похож на средневековый пиратский челн. Горбатятся рыжие в засохшей корке грязи ящики с боеприпасами, «принайтованные» к бортам и служащие дополнительной броней. За башней — сложный рельеф каких-то подушек, снятых автомобильных сидений, матрасов. Тут сидит десант. У каждого свое привычное место, своя излюбленная для многочасовой езды поза. Впереди, перед башней, места командиров. Первый класс. Под спиной — удобный наклон башни. Под задницей — старая подушка. Ноги в люке командира или на спинке кресла «механа».

Сходство с пиратским кораблем дополняют стремительные «корабельные» обводы бэтээра. Его острый, как нос корабля, лобовой лист брони. Торчащие в разные стороны стволы оружия десанта, антенны, ящики, брезент. И над всем этим в небе трепещет привязанный к кончику антенны алый флаг — снятый по случаю с пионерского горна, найденного в одном из разбитых домов на окраине Грозного.

До лагеря километров пять. Местность открытая. Вдоль дороги сплошняком «становища» «советов» — лагеря полков и бригад группировки. Так что можно даже расслабиться и подремать, пока командиры не видят...

...Первым сообразил, что происходит, Валерка Шандров, командир второй группы. Наш бэтээр шел в колонне прямо за танком. И мне сначала показалось, что Эрик просто сильно «газанул» и густо «бзднул» в атмосферу черным соляровым выхлопом, но прошла секунда, вторая, а выхлоп все не рассеивался. Наоборот, становился только гуще, наливался чернотой, жиром, копотью.

— Твою дивизию! Эльф горит! — крикнул Валерка. И кубарем скатился в люк бэтээра.

— Эльф! Ты горишь! Эльф, отвечай, я Медведь! Ты горишь! Движок горит! Как слышишь? Эльф! Ты горишь! — донеслось из люка.

— А ведь точно горит! — растерянно выдохнул кто-то из бойцов за спиной.

...Сквозь жирный чад я разглядел, как поднялась крышка командирского люка, оттуда как черт из табакерки по пояс высунулась знакомая фигурка Эрика. Он долю секунды смотрел на клубы дыма, после чего тут же вновь исчез в люке. Еще через пару мгновений «семьдесят двойка», резко клюнув стволом, остановилась. Из открытого люка вновь выскочил Эрик. На этот раз в его руках был продолговатый баллон огнетушителя. Из другого люка с таким же баллоном выскочил его наводчик.

— Стой! — услышал я в наушниках команду Сергеича. — Командирам немедленно отправить по одному человеку с огнетушителями к танку! Бегом! Всем отвести технику и людей на сто метров от танка и прикрыться броней!

...Эрик, прыгая в клубах дыма, как петух по насесту, что-то пытался нащупать в черноте у себя под ногами. Наконец ему это удалось. Распахнулась крышка, и в небо тотчас плеснул здоровенный столб огня. Эрик отпрыгнул от него в сторону и тут же опрокинул вниз раструбом огнетушитель, из которого в пламя ударила белесая пенная струя.

Я тоже рванул на бегу рычаг запуска огнетушителя и подбежал к танку, когда прямо под ноги уже била струя пены. Прикрываясь от жара баллоном, я направил ее прямо в пламя.

— Правее лей! Там топливопровод. Главное — отрезать его от огня, — крикнул мне сквозь дым Эрик.

Со всех сторон к «семьдесят двойке» подбегали офицеры с баллонами. Черная копоть, смешавшись с белыми струями огнетушителей, резко «поседела» и наконец понемногу начала опадать. Пламя утянулось куда-то в стальное чрево движка, и лишь несколько шальных языков попытались было пару раз вырваться из него наружу, но были удушены пеной и угасли. Через минут десять все было кончено. Черным сырым зевом зиял распахнутый люк двигателя. Лениво курился белесый пар.

— Все! Звиздец! Приехали... — На лице Эрика такая мука, словно он только что потерял любимое существо. — Топливный насос сгорел. Что же ты, малышка, подвела? Ведь совсем чуть-чуть до дома не дотянула. Еще пятьсот метров — и дома! Что делать, мужики? — Он растерянно смотрит на нас.

...Что мы можем сказать? Что вообще тут говорить? Все отлично знают, что будет дальше...

...Судьба поломанной техники здесь сурова. «Загнанных лошадей пристреливают!» — это правило коновалов на чеченской войне работает железно. Эвакуировать вставшие намертво бэтээры, бээмпэшки, танки нет никакой возможности. До ближайшей мастерской сотни километров дорог, каждая из которых может оказаться последней. Только за два месяца в засады попали три колонны. Поэтому волочь за тридевять земель бэтээр с заклиненным движком или подорвавшийся на мине танк никто не будет.

Таскать их за собой группировка тоже не может. Она и так как тришкин кафтан — здесь боевиков разгонит, за спиной они вновь власть берут. Так и носится по Чечне, как пожарная команда...

Бросать их тоже нельзя. Это, считай, просто подарить боевикам. Уж те наверняка смогут оживить любой движок, заменят любой механизм. У них и мастера найдутся, и запчасти, если надо, прямо с завода привезут. Они деньги не считают...

Поэтому, если на месте танк, бэтээр или грузовик починить невозможно, то из них выдирается все, что можно использовать как запчасти, снимается оружие, разгружают боеприпасы и потом несчастную «конягу» передают «коновалам» — саперам. А дальше все просто — пару килограммов тола в основные узлы, замедлительный шнур, «чиркач» — и через пару минут взрыв превращает вчерашнюю грозу боевиков в груду искореженного металлолома...

Мы прячем глаза. Эрика жалко, но судьба его «семьдесят двойки», кажется, решена. После пожара танк теперь просто груда железа. Починить его своими силами мы не можем. К тому же Эриков танк «нелегальный», нигде не числящийся. И до этого пожара запчасти к нему мы добывали с огромным трудом и исключительно «по бартеру». Ящик водки на топливный фильтр или два камуфляжа за гидроусилитель. «Советы» сами без запчастей сидят, каждая гайка на счету. А тут целый пожар...

Подходит командир:

— Ну что тут, Эрик?

Эрик обреченно машет рукой:

— Топливный насос накрылся...

— Починить сможешь?

— Что чинить? Его еще месяц назад надо было менять. После того как «граником» наебнули...

— А заменить?

— Да где же его здесь достанешь?..

Командир на несколько мгновений задумывается, потом, приняв решение, поворачивается к нам:

— Так, Летунов, возьми бэтээр и двигай к «советам». Найди у них в штабе полковника Егорова, скажи, что от меня. Попроси тяжелый тягач, и с ним сюда. Затащите танк в лагерь! Подумаем, что можно сделать...

Вечером в командирской палатке состоялся военный совет.

...После нескольких часов радиопереговоров и посредничества вездесущего командира «советского» полка Егорова где-то на Ханкале, в мастерских нашелся неучтенный топливный насос. Нашли и его хозяина, который после продолжительного торга с нашим зампотехом, которому, как главному техническому спецу в нашем ханкалинском лагере, было поручено вести переговоры, согласился обменять насос на трофейное подарочное охотничье ружье, которое наши взяли в одной из басаевских резиденций. На магическую фамилию Басаев тыловик клюнул и согласился меняться.

Был заказан на утро вертолет. Теперь оставалось только сформировать команду, тех, кому надо было смотаться на Ханкалу.

Понятное дело, что первый в этом списке был сам Эрик.

С ним решили отправить солдат, у которых закончился срок командировки, отрядили прапорщика за почтой и свежей прессой. Оставалась еще одна проблема...

Пока Эрик возился со своим танком, командир собрал в палатке ее обитателей:

— ...Ладно, мужики, кто полетит с Эриком?

— Вообще-то это дело замполита... — кинул идею Аверин.

— Нет, я никак не могу! — тут же открестился Цыкин. — У меня здесь работы выше крыши. К тому же я на Ханкале вообще никого не знаю. Я там был всего три дня. К кому я там полезу? Надо того, кто там дольше всего просидел.

При этих словах все посмотрели на меня.

Внутри все похолодело, как перед экзаменом. Уж чего точно не ожидал, так это того, что речь вдруг зайдет обо мне. Я ни с какого борта для «задачи» не подходил...

— А ведь действительно, Леша, ты на Ханкале, наверное, дольше всех просидел...

«Дольше всех» — это месяц, когда я в прошлую свою командировку заболел бронхитом и три недели пролежал в ханкалинском госпитале, а потом еще неделю ждал колонны в группировку.

— Товарищ командир, почему я? Я вообще не по этому делу. А на Ханкале вот уже третий месяц зампотех сидит. Он, наверное, там уже всех кур перещупал...

— Колесников будет вместе с Эльфом насосом заниматься, ему дел и без того хватит, — задумчиво протянул командир. — В общем, так, Абрютин, ты у нас «пээнша». Вот и прояви штабную изобретательность...

Спорить с Сергеичем было бессмысленно. И потому я только развел руками...

Вскоре в палатку вернулся Эрик. Он был лихорадочно оживлен и аж светился. Еще бы! Его «ласточку» вернут к жизни...

— Олег Сергеевич, мне бы еще и динамическую защиту достать?

— В смысле?

— Ну, нас же сюда пригнали без пластита...

В палатке повисла удивленная тишина. Первым нашелся командир:

— А что у тебя в коробках?

— Как что? Воздух.

— Как же так можно на войну собираться было, Эрик? — укоризненно сказал Аверин.

— А я что? Комбат нам дал команду: защиту по полной устанавливать, но наш начальник бронетанковой службы округа приказал не ставить и отправить танки без динамической брони. Мол, чтобы экипажи пластит не продали.

— Твою мать! — выругался Аверин. — Это так мы теперь к войне готовимся! Главное, чтобы не украли и не продали... Демократия в действии! Теперь понятно, почему танки как спички горят. Довоевались...

— Нет, Эрик. Пластит я тебе не найду, — развел руками командир. — Извини! Но еще одну проблему мы постараемся решить.

— Какую? — удивленно посмотрел на Сергеича Эрик.

— Тебе Абрютин объяснит...

Надо ли говорить, что после моего объяснения Эрик просто воспарил. Еще бы! Ведь на Ханкале я должен был организовать ему интимную встречу с одной из тамошних обитательниц. А для упрощения этого знакомства в моем кармане лежала сложенная пополам пачка рублевок в эквиваленте двухсот долларов...

* * *

«...И где я ему здесь бабу найду?» — я тоскливо окинул неприветливый ханкалинский пейзаж. Серая пелена мелкого дождя, набухший водой черный липкий чернозем, обтрепанные темные мокрые крыши палаток.

Нет, баб на Ханкале, конечно, хватает. Телефонистки, медички, поварихи, секретчицы. Но женщина на войне — товар особый. Из разряда «полный дефицит». На каждую бабу здесь приходится по роте, а то и батальону жаждущих ласки и любви мужиков. Так что есть из кого выбирать.

Здесь без мужского внимания не останется ни одна. Будь она хоть Бабой-ягой напополам с Квазимодо, но для изголодавшегося на многомесячном «безбабье» офицера ничем не уступит Василисе Прекрасной. Понятное дело, что те, кто покрасивее, постервознее, легко находят себе покровителей с большими звездами на плечах и широкими «возможностями» на форменных штанах. И если обладательница заветной прелести еще к тому же не дура, то очень может статься, что с войны она вернется не в свой Мухобойск официанткой в полковую столовку, а уедет за своим покровителем в крупный город. Получит непыльную штабную должность, погоны прапорщика, квартиру вне очереди и даже мужа из хитрожопых прапоров или туповатых лейтенантов, которого ей самолично подберет покровитель, насытившись любовью или просто от греха подальше...

Так что с бабами на войне всегда туго.

И где же я здесь Эрику бабу буду искать?

Правда, одна наколка у меня все же была. Я о ней еще в «вертушке» вспомнил. Маргарита! Маргарэт...

Продавщица местного военторга, дама лет сорока, с перьями выбеленных перекисью волос, сухощавая и веснушчатая. Она явно не производила впечатление недотроги. Более того, пару раз довольно недвусмысленно предлагала мне заглянуть в конце рабочего дня, помочь ей разобрать новый товар, и вообще всячески меня выделяла из общепокупательского контингента. Я бы, может быть, даже и зашел к ней на огонек, но сначала мне еще вполне хватало послеотпускной «сытости» в этом вопросе, а потом, когда уже и Маргарэт стала мне казаться фотомоделью, — мы давно были в горах.

По большому счету, я бы сейчас сам к ней с удовольствием слазил в подсобку, но чувство долга перед несчастным Эриком пересиливало похоть. Да и мужская практичность подсказывала мне, что если Маргарэт согласится обслужить Эрика, то «раскрутить» ее еще и на меня будет не очень сложно...

«Таблетка» тормознула у знакомого контейнера, над которым висела выгоревшая на солнце вывеска «Военторг». Поблагодарив доктора, согласившегося меня подбросить, я буквально по щиколотки провалился в густую майонезную грязь. Вся площадь перед контейнером представляла собой огромную квашню взбитого до состояния крема гусеницами и колесами чернозема. Сразу можно было понять, что Военторг место более чем «центровое».

Десять шагов до дверей представляли собой аттракцион эквилибризма. Ноги разъезжались. Скрытые под слоем грязи колеи вдруг разверзались под берцами полуметровыми омутами. В общем, на крыльцо я забрался чмо чмом!

«Интересно, а как она сама сквозь эту грязь пробирается?» — еще успел подумать я, распахивая знакомую дверь.

В нос тут же шибануло привычным военторговским «коктейлем» из корицы, копченостей, дешевого одеколона и табака...

— Елы-палы! Какие люди! Маргарэт! Я пришел к тебе с приветом!

Маргарэт встретила меня приветливо, но без былого энтузиазма. Это мне не очень понравилось.

Вообще она как-то изменилась. То ли еще сильнее похудела, то ли белесых перьев в прическе поубавилось.

Минут десять мы болтали ни о чем. Вспоминали каких-то общих полузнакомцев.

— Рому из реммастерских помнишь? Застрелился. Жена его бросила...

— Да что ты?!

— А Люся с Виктором Ивановичем в Ростов улетела. Он ее обещал там в КЭУ устроить.

— Молодец!

— Говорят, командировочные с августа срежут в два раза.

— Я тоже об этом слышал. Этих бы «фиников»-финансистов к нам сюда...

Наконец все новости были «перетерты» и можно было начинать переходить к главному.

— Ты что-то купить хотел? — сама перешла к делу Маргарэт.

— Нет. Я к тебе по личному вопросу. Понимаешь, помощь твоя нужна... — начал я издалека «гнать пургу».

— Что случилось? — заинтересованно «напряглась» Маргарэт.

«Пора!» — понял я.

— Понимаешь, мужик один пропадает...

...По мере изложения я видел, как медленно каменеет ее лицо. Надо было остановиться, умолкнуть, но меня словно переклинило...

— Парнишка просто прелесть. Да с ним любая за честь посчитает. Фигурка, лицо!..

Продавщица превратилась в статую, лицо ее медленно покрывалось багровыми пятнами.

— Мы скинулись... Двести баксов, но рублями. Это же месячная зарплата... Вот я и подумал, чем кому-то, лучше уж тебе. Дай, думаю, знакомому человеку помогу...

Тишина повисла, как снежная лавина над туристом. А потом грянул гром!

Никогда не мог представить, что женщина может так выражаться. Маргарэт не орала, нет, она буквально клокотала и шипела, как клубок разъяренных кобр.

— Ах ты, пидор! Я что, по-твоему, блядища подзаборная?! Да как ты смел?! Хорек обдристанный!..

Спиной я лихорадочно пытался нащупать дверь. Но она сама нащупала меня. Удар ручкой между лопаток на миг сбил дыхание. Я отскочил в сторону. На пороге нарисовался покупатель. И какой! Комендант Ханкалы, пожилой маслатый подполковник, которого за глаза вся Ханкала называла Геббельсом из-за непропорционально большой головы на худеньком теле и привычки читать нудные проповеди по любому поводу.

Увидев коменданта, Маргарэт неожиданно осеклась. Самое время умотать подобру-поздорову. Но комендант перекрывал прямой путь к двери! Я бочком попытался протиснуться за ним.

— Извините, товарищ подполковник...

Геббельс даже не удостоил меня ответом. Он лишь чуть подался вперед, пропуская меня к заветному проему.

— Солнышко! Я заеду за тобой в пять, — уже за спиной услышал я его неожиданно воркующий голос. — Закройся чуть раньше. Там Апина прилетела с «Любэ». Я приказал занять нам лучшие места....

И вмиг все стало на свои места!

На улице у дверей стоял комендантский «уазик».

«Теперь ясно, как она сквозь эту грязь пробирается!» — мелькнуло запоздалое прозрение, и, не дожидаясь, пока комендант узнает о моем более чем нескромном предложении его «солнышку», я опрометью юркнул за Военторг и ломанулся по полю к стоявшим недалеко палаткам какой-то части...

Часа полтора я отсиживался у знакомых «ураганщиков», пережидая все последствия посягательства на подругу коменданта. Потом на попутном «Урале» добрался до своих. В лагере меня встретил дежурный по отряду прапорщик Гуськов. С заговорщицким видом от отвел меня за штабную палатку:

— Слушай, тут Геббельс по твою душу приезжал. Я его таким злым никогда не видел. Думал, взорвется от злости. Что ты там натворил?

Я лишь безнадежно махнул рукой.

В конце концов через пару часов я уже буду лететь в «вертушке» в родной отряд. А там, глядишь, все и поутихнет. И вообще, на Ханкале я могу не появляться аж до замены...

Но вылететь, не выполнив приказ, я не мог.

— Где Эрик?

— Они с зампотехом поехали к «советам» за движком. Оттуда сразу к вертолету. Тебя, кстати, еще и замполит вспоминал. Запрашивал по связи, как у тебя дела с тренажером? Я, правда, не понял, с каким.

«Вот гад! Между прочим, это его работа, досуг личного состава обеспечивать...»

* * *

...Оставалась последняя надежда. Толя Лазаренко, начальник местного клуба. С ним мы познакомились год назад в самолете. Вместе летели из Чкаловского. Толя своего рода уникум. Проныра и выжига, каких свет не видывал. Он может подкатить к кому угодно и уже через пять минут будет считаться своим в доску. Достанет французский коньяк на Ханкале и ящик минералки в любой пустыне. Но человек он беззлобный и нежадный. Когда отряд возвращался на Ханкалу, мы часто с ним проводили вечера. И, насколько я смог понять из его рассказов, всех окрестных красоток он знал не только по именам, но и на ощупь...

Начальник клуба был по обыкновению хорошо подшофе.

— Лелек (так он меня называет за легкое сходство с молодым Мироновым из «Бриллиантовой руки»), так тебе бабу нужно? Так бы сразу и сказал. Да я для родного спецназа хоть Лолобриджиду с Луны привезу. Нет проблем! Щаз найдем тебе бабу. — Пошатываясь, он подошел к телефонному аппарату на столе. Крутнул ручку вызова:

— Алле! Девушка, мне столовую Военторга!

Слово «Военторг» болезненно резануло слух.

— Столовая? А кто сегодня у вас на кухне? Да... Из поваров... Света? Отлично. Нет, не надо, я сам заеду...

Он кинул трубку на аппарат:

— Ну все, старик! Дело в шляпе! Едем! Она, конечно, не фотомодель, но дает по первому требованию партии.

— Только договариваться ты сам будешь, — вспомнив Маргариту, поставил я условие. — Хорошо?

— Хорошо! Только с тебя бакшиш!

— Толя, какие разговоры? Все, что скажешь!

— Точно?

— Слово!

— Тогда слушай: там, я знаю, ваши бойцы уши мертвым «чичам» режут. Достанешь мне одно такое ухо? Хочу жене привезти, а то стерва совсем запилила, мол, дармоед и тунеядец. Это я-то?! Сама два года без работы сидела на моем горбу. Я же ее и устроил к однокурснику в эспэ голландское. Теперь получает больше, чем министр обороны, а нам уже полгода зарплату не давали. Привезу ей ухо — пусть посмотрит, кто действительно делом занимается...

Я чуть не поперхнулся. Про уши я, конечно, знал. Правда, у нас в отряде командир эту «практику» пресек жестко и навсегда. Но отступать было нельзя, и я слукавил.

— Как только отрежут — первое тебе!

Клубный «батон» долго не хотел заводиться. Он чихал, сопел и кашлял, наконец мотор заработал, и мы двинулись в путь по «Миссисипи», так в группировке прозвали грязевую реку, являвшуюся основной дорогой огромного ханкалинского лагеря...

Сказать, что Света была не очень красивой, — ничего не сказать! Из двери на меня вышла прямо-таки монументальная женщина под метр девяносто с объемом талии векового дуба. Над ее лицом природа тоже не слишком долго мучилась. Рубленое, грубое, оно больше подошло бы снеговику, чем женщине. И только огненно-рыжие волосы, уложенные корзинкой на голове, напоминали о том, что передо мной стоит существо другого пола.

— Это ты, что ли, озабоченный?

Голос у Светы был необычно выразительным. Этакое сочное сопрано.

Да, это была явно не Мишель Пфайфер, но и выбирать времени уже не было.

— Тут, Свет, такое дело...

Понимая, что вешать лапшу этой женщине бесполезно, я сухо, по-военному объяснил расклад:

— ...семь месяцев без женщины. Двести баксов за один раз.

Она думала недолго.

— Ладно! Вези своего дружка...

На улицу я вылетел как на крыльях. Есть!

Постеснявшись прямо при Свете связываться со своими и объяснять при ней весь расклад, я только на крыльце столовки достал из кармана «разгрузки» рацию.

— Третий, ответь Девятому! Третий, ответь Девятому!

Рация хлюпнула, забулькала, и через мгновение я услышал измененный почти до неузнаваемости голос Гуськова:

— Девятый, слышу тебя!

— Третий, передай Шестому (позывной зампотеха, выделенного в помощь Эрику), что вопрос с тренажером решен. Пусть срочно отправляет Семьдесят второго (Эрика) к столовой Военторга. Я его здесь жду. Как понял?

— Понял тебя, Девятый. Отправить Семьдесят второго к столовой Военторга...

— Точно! Конец связи.

Оставалось только дождаться Эрика, и дело сделано. Я уже развернулся в сторону дверей столовки, чтобы в тепле провести время до приезда Хабибуллина, как вдруг в кармане запищал сигнал вызова рации. Я нажал на тангенту ответа.

— Девятый, ответь Третьему! — услышал я голос Гуськова.

— На связи Девятый! — ответил я.

— Девятый, Шестой приказал тебе передать, что у них задержка. И потому он просит тебя забрать тренажер и с ним прибыть прямо к борту. Как понял меня?

«Они что, охренели там, что ли? — растерянно подумал я. — Как я ее туда повезу?»

— Третий, передай Девятому, тренажер может не захотеть.

— Не понял тебя, Девятый. Что значит тренажер не захочет?

«Блин! Совсем забыл, что во всю эту операцию посвящены только мы трое. Я, Эрик и замподтех...»

— Извини. Ошибся. Тренажер может не влезть в машину.

— Может, дежурный «Урал» прислать? — заботливо предложил дежурный.

Ох, мне сейчас эта его забота...

— Третий, не надо «Урал». Сам справлюсь. Все! Конец связи...

В столовку я зашел на ватных ногах. «Пошлет она меня сейчас. Точно пошлет! Да ну и хрен с ним! Сами виноваты. Здесь не Сочи! Кофе в постель не подают! И баб по вызову не держат...» — мысленно готовился я к предстоящему на аэродроме разговору.

Но Света неожиданно упрямиться не стала.

Может быть, подействовал мой удрученный вид, а может быть, так были нужны деньги.

— Ну, вези. Только мне через полтора часа надо обязательно быть здесь. У меня еще ужин для комиссии из Москвы.

Толя уже вовсю храпел за обеденным столом в зале. Растолкав его, я вкратце разъяснил диспозицию. Он озадаченно почесал загривок.

— А где же она ему там даст? — деловито спросил он, ничуть не стесняясь Светланы. — Там же голое поле и народ кругом как тараканы шастает.

— Если сказали везти, значит, знают где, — прикинулся суровостью я. Мне только еще не хватало, чтобы она над этим задумалась. Достаточно того, что уже я над этим голову ломаю, а тут еще и Толик озадачился...

— Ну, тогда поехали! — сказал, поднимаясь, Лазаренко. — Чего зря время терять. У меня тоже еще планы на вечер.

...Когда мы подплыли по «Миссисипи» к аэродрому и выбрались на заляпанную грязью бетонку взлетной полосы, мои сомнения только окрепли. Людей на взлетке было более чем достаточно. Правда, в основном народ топтался у диспетчерской палатки, в ожидании объявления попутного борта, но и на самой полосе у «вертушек» людей хватало. Сновали машины обслуживания. Техники и механики готовили вертолеты к вылетам. То к одному, то к другому борту подходили разномастные группы пассажиров, загружались, улетали или, наоборот, выбирались из приземлившихся «вертушек» на бетонку, тянулись к аэродромному КПП.

«Действительно, и где здесь она ему давать будет? — с тоской подумал я. — А впрочем, мне-то что? Я свое дело сделал. Бабу достал...» Я покосился на Свету. Та с интересом и даже какой-то жадностью рассматривала аэродромную суету.

— Что, Светик, домой потянуло? — спросил я, стараясь выглядеть лихим и галантным кавалером. — Небось дома ждут. Дети-то есть?

— Есть. Двое, — коротко ответила она.

— И с кем остались? — пряча свое любопытство на тему семейного ее положения, спросил я. «Вот будет класс, если она еще и замужем окажется...»

— А ни с кем, — почти безразлично ответила она. — Сами с собой.

— В каком смысле?

— В таком. Дочка старшая. Вот она за младшим и смотрит.

— И сколько же ей лет, такой самостоятельной?

— Четырнадцать.

Неожиданно мне стало стыдно за свой пошловатый цинизм. Уши предательски вспыхнули. «Как же жизнь-то тебя скрутила, если бросила их одних, сюда подалась...»

— Геройская у тебя девчонка! — постарался хоть как-то польстить ей я. — Такая в жизни не пропадет.

— Не пропадет, — эхом откликнулась она, и мне на миг показалось, что лицо ее потеплело.

У знакомой «вертушки» уже нервно топтался экипаж.

— Ну, и где ваши? — накинулся на меня командир. — Взлетать давно пора. Через два часа уже темно будет. Как нам возвращаться, ползком, что ли? Это же не танк, это вертолет...

— Сейчас подъедут, — с ходу бодро соврал я, по опыту зная, как опасно говорить ожидающим вертолетчикам правду об опозданиях. — За нами должны были выехать...

— Ну, смотрите! Через полчаса не взлетим, я машину закрываю, и на ночевку, — сердито рубанул командир и, круто развернувшись, забрался в кабину. Уже из кабины, словно вспомнив о чем-то, повернулся ко мне и кивнул в сторону стоявшей у клубного «батона» поварихи: — А эта баба что, тоже с вами летит, что ли?

— Нет. Она это... ну, в общем, провожает одного парня...

— Ясно! — хмыкнул командир. — Тогда, видно, ему глаза выбило или он с рождения слепой! — и скрылся в кабине, а я побрел к своим.

— Лелек, ну где там твой дружбан? — нетерпеливо спросил Толя, поглядев на часы. — Ты же сказал, он уже ждет.

Я только развел руками. Обманывать Толика не было никакого смысла.

— Толян, потерпи, дорогой. Сейчас подъедут. С меня самое большое ухо из всех, которые отрежем.

Услышав про ухо, Толя подобрел.

— Ладно. О чем вопрос? Но твой кореш мне теперь точно ухо должен. Так ему потом и передай! Только пошли в «батон», а то зябко здесь на ветру...

В машине было тепло, и только сейчас я заметил, что почему-то пахло копченым салом.

Отгадка пришла через минуту. Открыв бардачок, Толя извлек на свет божий промасленный сверток и солдатскую флягу.

— Жена прислала посылку с оказией. Теща коптила. Чего нам зря время терять? По маленькой? Свет, ты как?

— А почему нет?

— Во-во! Тебе перед работой сам бог велел! — хохотнул начклуба. Но повариха и ухом не повела.

Мы выпили из найденных все в том же бардачке бледно-зеленых металлических «стаканов» — предохранительных колпаков на взрыватели минометных мин. Закусили ароматным, подтаявшим до прозрачности от близкого жара двигателя салом.

— Голос у тебя, Света, просто обалденный. Тебе с ним в опере надо выступать, — не выдержал я.

— Это все в прошлом, — неопределенно пожала плечами повариха.

— В смысле, в прошлом?

— Я в хоре семь лет пела. Пела, пела и отпелась, а теперь вот пляшу, — уже почти зло обрубила Света.

— Ух ты! Я и не знал, — словно бы и не замечая ее раздражения, изумился Лазаренко. — Так мы с тобой, значит, почти что коллеги. Это надо обмыть!

Вновь забулькала фляга.

— Так ты в каком хоре пела? — вернулся к теме Толян.

— Сначала в районном, потом в областном.

— А чего бросила? Голос-то у тебя о-го-го!

Я думал, повариха замнет болезненную для себя тему, но она неожиданно разговорилась:

— Четыре года назад мужа машина сбила. Год пластом пролежал парализованный, только глазами и моргал. Потом преставился. И куда мне было в хоре на шестьсот рублей его и двух детей тащить? Вот и пошла в столовую при Военторге. Там хоть зарплата и небольшая, но продукты есть. А что мне еще-то надо? Только детей накормить да из одежки им чего прикупить...

В кабине повисло томительное молчание.

Но Лазаренко не зря был начальником клуба. Смутить его было просто невозможно.

— Ну, тогда давай помянем твоего мужика и всех наших ребят, погибших здесь. Как раз третий тост...

Когда мы закусывали, к борту наконец подкатил знакомый «КамАЗ».

— Приехали! — радостно бросил я и выскочил из кабины.

Вместе с Эриком, зампотехом и бойцами, выделенными на разгрузку, из кузова «КамАЗа» на бетонку спрыгнули два майора в свежих чистеньких «полевухах». Явно контрастируя с военным пейзажем, в руках майоров болтались «дипломаты».

— Оба-на! А куда это наши «финики» намылились? — удивился начклуба. «Финики» — финансисты на военном жаргоне...

— У них сейчас проверка из Москвы идет, — ответила Света. — Мы ее третий день поим. А наши в это время мечутся по группировке, хвосты подчищают...

Пока бойцы под командованием Эрика и командира экипажа осторожно выгружали ящики с запчастями и заносили в вертолет, я вкратце доложил зампотеху расклад:

— Она, конечно, не Мишель Пфайфер, но баба душевная. А красавицы, сами знаете, здесь бесхозными и дня не бывают.

— Ладно, пошли взглянем на твою «душевную»...

Перед «батоном» он остановился как вкопанный.

— Это ты называешь «душевная»?

— Я же сказал — какая была! — хмуро ответил я. — И вообще, сутенер не моя профессия. Надо было замполита вызывать. Вот пусть он досугом и занимается....

— Да, Абрютин, не ожидал я от тебя, — протянул зампотех, словно бы и не слыша моих объяснений. — Притащить другу такого крокодила — это ж как надо его не любить? А ведь он так тебе верил. Весь день как на иголках, аж подпрыгивал, вот, мол, Леха для меня расстарается. Даже и не знаю, что с ним будет, когда он ее увидит...

Последние его слова утонули в свисте запускаемого вертолетного двигателя, и в это же мгновение из-за кузова «КамАЗа» появился Эрик. В кабине «батона» он увидел повариху и сразу все понял. На его лице появилось мучительно-задумчивое выражение, какое бывает у человека, которому на голову упало куриное яйцо...

Наконец он справился с собой. И, засунув руки в карманы куртки, подошел к нам.

— Извини, Эльф: все, что было!

Он посмотрел на меня как на человека, только что разбившего любимую пивную кружку.

— Ладно, Эрик, я все понял. Глупо все получилось. Но у меня действительно здесь ни одной знакомой бабы нет. Сейчас я ее отправлю. Еще раз извини...

Я уже было повернулся к «батону», когда меня остановил Эрик.

— Стой! Погоди отправлять... — Он еще раз оценивающе посмотрел на повариху, словно решая что-то про себя, наконец, видимо решившись окончательно, глубоко вздохнул. — А-а! Давай! Пойдет. В конце концов, дырки поперек ни у кого нет. Только куда мне с ней идти? Не здесь же?

— Может быть, в «вертушке»? Там вроде в салоне брезент лежал в корме, — предложил зампотех.

— А летуны разрешат?

— Ну, если договоримся... — протянул зампотех задумчиво. — Они, чай, тоже мужики. Поймут. Кто будет с командиром договариваться?

— Я точно пас! Кто я для него? Вы хоть по званию равны. Вам и договариваться, — сразу открестился от этой авантюры я.

— Ладно. Чего зря время терять, — решился зампотех и направился к вертолету. Минуты две он, оживленно жестикулируя, разговаривал с командиром. Видно было, что тот только отрицательно машет головой и трясет у зампотеха перед лицом рукой с часами. Но и «зампотех» что-то не менее энергично втолковывал ему. Наконец, видимо, тот сдался и махнул рукой, и тотчас Антоныч махнул мне: — Выводи!

Из кабины на бетонку выпрыгнул растерянный борттехник и, сердито одернув куртку, ушел куда-то за корму.

— Пошли, Света! — сказал я, пряча глаза поварихе.

— Куда? — не поняла она.

— В «вертушку». Не здесь же у всех на виду этим заниматься?

— А там что, не на виду? — зло бросила она.

— Ну, там кабина все-таки, закрыто все...

Она посмотрела на меня с такой брезгливой ненавистью, что мне захотелось прямо здесь провалиться под землю. Но из кабины все же вылезла и зло, хлопнув дверью, пошла к «вертушке» мимо ничего не понимающей публики. Ей вослед почти бегом направился Эрик. Догнал ее у кабины и попытался поддержать под локоть, но повариха, словно бы и не замечая его, торопливо поднялась по лесенке и скрылась в кабине, за ней юркнул Эрик.

«Финики» тоже было похватали с бетонки свои «дипломаты» и направились к «вертушке», но на полпути были остановлены борттехником, который что-то им эмоционально объяснил, после чего «финики» ошарашенно повернулись в нашу сторону, разглядывая нас так, словно узнали в нас родню Басаева...

Свистел двигатель. Ветер трепал нашу форму. Топтались на бетонке в унылом ожидании «финики». Борттехник нервно курил у края бетонки. Время тянулось как резиновое.

— Да, такого я еще в своей жизни не видел, — услышал я Лазаренко. — Теперь вся Ханкала еще месяц только об этом и будет говорить. «Финики» всем растрезвонят...

Минута проходила за минутой, но никто из кабины не показывался.

— Что они там, склещились, что ли? — уже не скрывал своей злости начклуба. — Блин, вот же нашел я себе приключение...

И здесь наконец в проеме двери показалась Света. Запахнув полы куртки, она торопливо спустилась на бетонку и, как-то враз поникнув, опустив голову, почти бегом припустила к нам.

Все как по команде повернулись в нашу сторону. Я почувствовал, как жар заливает мое лицо.

«Твою дивизию! Вся эта шушера теперь точно решит, что я какой-нибудь местный сутенер. А мне же ей еще деньги надо отдать...»

И здесь из кабины появился Эрик.

Застегивая офицерский ремень на ватнике, он неторопливо и торжествующе обвел взглядом стоянку. На его лице блуждала удовлетворенно-отсутствующая улыбка. Эрик просто купался в нирване. Сейчас он больше всего походил на счастливого щенка-подростка, дорвавшегося первый раз до суки. Лихо сбежав на бетон, он вскинул руку и, словно поймав над головой какую-то ручку, дернул ее вниз.

— Готов... — уже без неприязни — есть все же мужская солидарность! — протянул Лазаренко. — Ну, все, Еремеев, теперь твой дружок у меня по гроб жизни в должниках ходить будет. Без уха на Ханкале пусть не появляется...

— Поехали отсюда! — подойдя к нам, коротко бросила начклуба Света, открывая дверь в «батон». — Я тебя очень прошу, поехали быстрее!

— Хорошо, Светик, уже едем, — осклабился Толик. — Один момент. Ладно, Лелек, бывай! До встречи!

— Подожди! — вдруг вспомнил я о главном. — Сунув руку в карман, я нащупал перехваченную резинкой пачку денег. Вытянул их и, распахнув дверь кабины, вороватo прикрываясь от зрителей за спиной, протянул поварихе:

— Держи, Света. Извини за все. Так уж вышло... Сам не думал, что так получится. Спасибо тебе. Возьми деньги.

Но она зло отбросила мою руку и отвернулась в сторону.

— Да пошли вы все! Сволочи!

И вновь горячий стыд опалил мне щеки.

— Дверь закрой! — Она почти оттолкнула меня и хлопнула дверью перед моим носом.

Я повернулся к Лазаренко. В его глазах промелькнула растерянность.

— Слушай, отдай ей потом, — я протянул ему деньги. — Хорошо? Не забудешь?

— Может, мне еще к ней кассиром устроиться? — взвился начклуба.

— Ладно тебе, Толя. Видишь же, что она обиделась. А так как-то нечестно. Мы же договаривались. Отдай потом.

Вместо ответа он молча сунул деньги в карман и, распахнув дверцу, запрыгнул на сиденье рядом с водителем.

— Все! Бывай! — бросил он уже из кабины. И тут же скомандовал: — Поехали!

— Не забудешь, Толян?

Но Лазаренко уже не слышал меня.

Взревел мотор, и «батон» сорвался с места.

— Абрютин! — услышал я сквозь шум винтов крик зампотеха. — Давай быстрее!

И, круто развернувшись на каблуках, я рванул к «вертушке», где борттехник уже нагнулся за лесенкой...

Весь путь в отряд мы молчали. Говорить было не о чем. Эрик блаженно дрых, натянув на глаза шапку. «Финики» весь полет с плохо скрываемым презрением поглядывали в мою сторону. Мне, честно говоря, было все по хрену. Устал я за этот день. Дико устал...

А еще через месяц наш отряд срочно выдернули с гор и бросили в Грозный, который уже третьи сутки был захвачен боевиками.

К Грозному мы вышли только под вечер, сбив по дороге две чеченские засады, которые просто не ожидали появления такой силы и явно готовились лишь к перехвату слабо вооруженных транспортников.

У залепленной грязью палатки — временного штаба «вэвэ» — внутренних войск — колонна остановилась. Командир с начальником штаба спрыгнули с брони и, пройдя мимо вытянувшегося часового, скрылись внутри палатки. Их не было минут десять.

Со стороны города часто ухали взрывы, дробно молотили «крупняки», частили, скрещивались, слоились друг на друга пулеметно-автоматные очереди.

— Да, — протянул за спиной кто-то из моих бойцов. — А мочилово-то там идет по-взрослому. Чую, огребем мы там не по-детски.

— Заткнись, да! — оборвал его замкомгруппы Цамаев, сержант-осетин, оставшийся весной после «срочки» по контракту. — Ныть мамэ в сиськи будэшь, — с небольшим акцентом бросил он.

— Я не ною, — узнал я голос Плещеева, снайпера, только-только разменявшего второй год службы. — Я лишь констатирую...

Плещеев призвался из Питера после второго курса института и любил козырнуть научными словечками.

— Мало нам там не покажется. Какие же уроды «чечей» в Грозный пропустили? Сколько же за это денег хапнули?

— У тебя будэт возможность, — отозвался Цамаев, — у Басаэва спросить, сколько он заплатыл за этот штурм. Если он, конэчно, тэбе раньше яйца нэ отрэжет...

В это в ремя из палатки на улицу вышла целая группа военных, среди которых был и наш командир. Все направились к нам. Впереди шагал худой высокий генерал в редком для этой войны галифе с лампасами. Видно, только-только из Москвы.

Генерал был явно не в духе. Он что-то жестко говорил семенившему за ним полковнику, рубя ладонью воздух.

Наконец вся свита подошла к нам.

Генерал обвел глазами сидящих перед ним на броне спецназовцев.

— Ну что, бойцы, как настроение? — неожиданно зычно гаркнул он.

Мы растерянно замерли. Уставного ответа на такой вопрос не было, а панибратствовать с генералом ни у кого желания не возникло. Наконец кто-то из еще не «обмявшихся» первогодков пискнул:

— Нормальное!

Генерал еще сильнее посуровел.

— Как, бойцы, сможем боевикам задницу надрать? Они, мерзавцы, в нарушение всех договоров ворвались в город. Насильничают, убивают. Наши товарищи там в окружении дерутся. Наш президент приказал уничтожить мерзавцев! Не подведем, братцы?

— А кто же их в город-то запустил? — вдруг хмуро спросил генерала с соседнего бэтээра комгруппы Антонов.

За спиной генерала Сергеич недвусмысленно показал Антонову кулак.

Но генерал словно бы и не услышал вопроса. Он повернулся к командиру:

— Так, сейчас кормите людей, потом готовьте технику и оружие. К шести утра отряд должен быть готов к выдвижению.

— Все понял, товарищ генерал! К шести утра отряд будет готов, — со сдержанным спецназовским достоинством откликнулся Сергеич.

— Хорошо! — явно помягчал генерал. — Я знаю, что на вас можно положиться.

Он уже развернулся, чтобы идти к палатке, как вдруг его взгляд упал на «семьдесят двойку» Эрика, стоявшую в колонне. В глазах генерала мелькнуло удивление.

— А это еще что за танк? Откуда он?

— Это наша машина, товарищ командующий, — ответил Сергеич.

Пока командир объяснял, откуда к нам попала «семьдесят двойка», генерал нетерпеливо постукивал себя шомполом по жарко начищенному сапогу. Не дослушав объяснения до конца, он перебил Сергеича:

— Так, я все понял. Никаких диких танков мне здесь не надо. Паршутин, сколько вы получили от армейцев машин? — повернулся он к сопровождавшему его полковнику.

— Роту, товарищ генерал. Но в ней только семь танков.

— Забирайте туда и этот. Будет восемь. Рота — наша главная ударная сила!

— Есть!

— Товарищ подполковник, вам приказ понятен? — Генерал уперся хмурым взглядом в Сергеича.

— Так точно, товарищ генерал! Но танк этот с нами уже семь месяцев. — Сергеич словно бы и не заметил генеральской раздраженности и продолжал гнуть свое: — У нас отличное взаимодействие, слаженность. Разрешите его оставить с отрядом?

— Отставить! — В голосе генерала зазвенела «предгрозовая» истеричность. — Решение принято! Нечего силы распылять! Сейчас не та обстановка! «Духи» дожимают нашу окруженную группировку. Сейчас все надо бросить на деблокаду наших. И вашим спецам тоже в стороне отсидеться не придется. Выполняйте приказ!

...Утром мы вошли в западный пригород Грозного, а вечером, после очередного разгрома из Москвы, танковую роту кинули на прорыв чеченской обороны в районе горбольницы.

Как уже потом мы узнали, роту отправили в бой под прикрытием какого-то ОМОНа, который при первом же обстреле залег и дальше не пошел. Но танкисты, вырвавшиеся вперед, этого не знали и продолжали выполнять приказ, продвигаясь к центру города, где дрались в окружении наши части. На подходе к стадиону, всего в километре от комплекса зданий, где оборонялись наши, рота попала в засаду.

К комендатуре, где находилась администрация города и рота охраны штаба, прорвался только один танк.

Конечно, мы верили, что это был Эрик. Ведь везения и чутья у него было на троих.

А еще через сутки, когда Грозный уже был окружен плотным кольцом войск и отозванный срочно из отпуска армейский командующий предъявил боевикам ультиматум, вдруг пришел приказ из Москвы немедленно прекратить все боевые действия. В эту же ночь из Москвы прилетел отставной десантный генерал Воронов, пробившийся незадолго до этого в очередные фавориты Кремля, и, отстранив все командование, уселся за стол переговоров с лидером боевиков Масхадовым. На следующее утро мы узнали, что

Воронов принял все условия, выдвинутые Масхадовым, и русские начинают немедленный вывод своих войск из Чечни. Война закончилась...

Боевики смеялись нам в лицо:

— Ми купылы ваш Крэмл! Собралы чемадан зэлэнью. И отвэзлы прямо в Крэмл. А то нам совсэм вай-вай прыходыл. Гранат заканчывался, патрон заканчывался, мын заканчивался. Спасыбо Москве, спаслы нас!

* * *

На Ханкале я вновь увиделся с Лазаренко.

Начклуба лежал в госпитале. Шальная пуля оторвала ему палец на правой руке, и теперь он хандрил на больничной койке.

— Вот козлы! Все продали! Всех сдали! Лелек, разве это правительство? Разве это президент? Гондоны они штопаные, а не правители!..

Меланхолия Лазаренко усугублялась тем, что его клуб, который он с любовью и усердием собирал целый год, по договору передавался со всем имуществом чеченам. И его любимый бильярд, и вся аппаратура для ансамбля, и киноустановка с новейшим звуком, и даже «внештатная» баня — все это теперь становилось добычей боевиков.

— Сожгу все к едрене матери! Хрен что они у меня получат!

Я дипломатично помалкивал о том, что в клубе уже давно сидели «наблюдатели» со стороны боевиков, которые должны были наблюдать за выводом войск и передачей оставляемого по «мирному договору» имущества «свободной Ичкерии».

Думаю, что Лазаренко и сам это знал, но самолюбие не давало смириться с неизбежным.

— Кстати, Абрютин, а где обещанное ухо? — кривясь от боли, после очередной перевязки вдруг вспомнил начклуба. — Между прочим, было обещано. А твой дружок вообще чмо болотное! Не по-мужски это. Я ему, можно сказать, первую помощь оказал, а он... Так спецназовцы не поступают. Ты это передай ему!

— Ладно, не кипятись, — попытался сгладить углы я. — Его просто забрали от нас и кинули на Грозный. Четыре дня назад — в самую мясорубку! Говорят, их там всех пожгли. Даже и не знаю — жив ли он. Такой бардак кругом. Сам видишь...

— Вижу, — невесело отозвался Лазаренко и полез в тумбочку за заветной флягой. — Только если он настоящий мужик, то слово должен держать в любой обстановке.

— Верь мне, Толик, он мужик что надо! Я его знаю. Если найдется, обязательно слово сдержит.

— Поверю, когда ухо принесет, — уже беззлобно пробурчал, разливая водку по стопкам, начклуба. — А то скоро отправят меня в родной Ростов, и поминай как звали...

На следующий день моей группе отвели участок для поиска наших погибших. В основном все тела были уже собраны, и теперь мы разыскивали двух своих солдат — пропавших без вести в одном из ночных боев.

Сгоревшую «семьдесят двойку» я разглядел издалека. И сразу защемило сердце.

При всей похожести каждый танк все же имеет что-то неуловимо свое. И это был наш танк!

Я очень хотел ошибиться, обознаться, но, когда мы подошли ближе, блеклый номер, проступавший сквозь обгоревший, закопченный металл развеял все надежды.

«Двести восемьдесят шесть» — это был танк Эрика!

Люки его были распахнуты. Мы осторожно заглянули внутрь. Страшный жар уничтожил почти все внутри. Обугленные остатки приборов, сидений, каких-то деталей, проводки грязной кучей серого пепла лежали на дне башни. Преодолевая брезгливость, я заставил себя спуститься в башню и шомполом разрыть их до металла днища, но ничего похожего на человеческие останки видно не было. Я вздохнул с облегчением. Появилась надежда.

«Может быть, ушли? Пробились к своим...»

Мы насчитали одиннадцать гранатометных попаданий. Вся машина была словно истыкана какими-то чудовищными иглами. Десять из них не пробили броню. Автоматный шомпол, которым я прощупывал каждую дыру, упирался в конце своего пути в сталь. И только один из них пробил защиту. В башне, у командирского люка — видимо, били с крыши — было прожжено насквозь узкое, как жало, отверстие. Оно шло через разорванную, как жестяная банка, пустую коробку динамической защиты.

Ствол пушки смотрел прямо в свежий пролом дома на другой стороне улицы. Не знаю почему, но мне захотелось узнать, куда направил свой последний снаряд Эрик. Осторожно пробравшись через вываленную разрывом стену, я оказался внутри дома. Кругом все было густо засыпано битым кирпичом и кусками развороченных взрывом плит перекрытия. Разобраться, понять что-то в этом месиве было невозможно, и я уже было собрался выбираться, как вдруг ноздри уловили знакомый сладко-приторный запах мертвечины.

Сглотнув неприятный комок, я пошел на запах. В углу развороченной комнаты из-под упавшей двери торчал край одежды. Я ухватился за край двери и, приподняв, откинул ее в сторону.

Под ней, придавленный огромным куском перекрытия, лежал убитый боевик. Из-под тела выглядывала труба гранатомета, в которой так и осталась торчать невыстреленная граната.

«Вот, значит, кого ты, Эрик, достал...»

— Товарищ командир! — услышал я с улицы голос Полетаева — бойца моей группы. — Там это... Ну, в общем, танкисты наши...

Метрах в пятидесяти от танка, у полуразрушенной стены в небольшом закутке за старым ларьком, под какими-то старыми одеялами лежали тела.

Эрика можно было узнать только по кроссовкам, которые ему в подарок на день рождения привез из Москвы наш доктор. Эльф страшно обгорел и чудовищной черной куклой лежал перед нами. Видимо, кумулятивная струя мгновенно воспламенила пространство внутри башни, а может быть, потеряв от взрыва сознание, Эрик просто не смог сам выбраться из горящего танка.

Рядом такой же, до неузнаваемости обгоревший, лежал его наводчик — молчаливый контрактник Вовка из Архангельска. На них сверху ничком лежал механик-водитель Ромка. У него были обгоревшими шея и руки, но вся спина была густо испорота пулями. Видимо, Ромка успел вытащить из горевшего танка свой экипаж, но потом его почти в упор расстреляли «чечи». Когда мы осторожно перевернули тела убитых, то под каждым из них в асфальте был выщерблен от пуль. Их всех добили...

На душе вмиг стало муторно и пусто.

По рации я связался с комендатурой:

— Я — Кедр сорок два. Нужна труповозка на улицу Ленина.

Эфир побулькал, посвистел и наконец откликнулся искаженным до неузнаваемости голосом связиста комендатуры:

— Кедр сорок два, перевозка будет у вас через двадцать минут. Она сейчас на Первомайской.

«Вот и все! — еще раз подумал я. — Был Эльф, и нет Эльфа. Отвоевался лейтенант Хабибуллин. Так и не суждено ему было вернуться в свой Питер...»

...А потом я сделал то, чего никогда не делал раньше. Вернулся в развалины и, нагнувшись над убитым чеченом, взял его за холодное мертвое ухо. Стараясь не вдыхать запах мертвечины, оттянул его, немного приподняв при этом голову, и, достав из ножен тесак, резко полоснул по мертвой плоти. Голова с негромким стуком упала на бетон, а в пальцах остался серый «червяк» отрезанного уха.

Из кармана штанов я достал старый, затертый до бесцветности, платок и, завернув в него ухо, убрал его в свободный карман «разгрузки».

В госпитале меня встретила суета и неразбериха. Пришел приказ на эвакуацию. И теперь все срывалось с привычных мест. Лазаренко в палате не было.

Я нашел его на улице за хирургическим комплексом. Начклуба был уже в форме, и только из правого рукава торчала перебинтованная свежим бинтом ладонь. Толя меланхолично бродил по задворкам госпиталя, словно разыскивая какую-то потерянную вещь, и был на удивление трезв и страшно зол. Увидев меня, он почти бегом припустил навстречу.

— Представляешь, эти пидоры бородатые уже совсем оборзели! Прихожу в свой клуб, а они все замки на дверях повзламывали и теперь хозяйничают там. Я на них наехал, типа, вы что, козлы, делаете? А один урод, типа заместитель Удугова, мне заявляет, что, мол, вашего здесь больше ничего нет. Ваше — чемодан, вокзал, Россия! И на моем кресле раскачивается, сука!

— Ну и что ты? — с любопытством спросил я, разглядывая начклуба, похожего сейчас на согнанного с лежанки кота.

— Что я? А я достал вот эту штуку... — Лазаренко вытащил из кармана кулак, из которого торчала верхушка гранаты, и мои глаза тут же выхватили голую — без предохранительной чеки — трубку взрывателя. — Рванул зубами кольцо и говорю, ты, пидор македонский, а ну вали отсюда, пока я тебя в клочья не разнес.

— Ты ее вообще крепко держишь-то? — опасливо косясь на гранату, спросил я.

— Крепко. Но устал, — признался Лазаренко. — Вторая-то рука толком не действует. Чеку обратно вставить сам не могу. Вот теперь хожу и думаю, куда мне эту херовину закинуть. Что б шума поменьше и не задеть кого. У нее осколки далеко разлетаются?

«Вот тебе и начклуба! Вот тебе и Чеширский кот!» — ошарашенно подумал я.

— А где кольцо? — спросил я Лазаренко.

— В правом кармане. Я его кое-как зацепил пальцами, когда этот урод из кабинета моего рванул.

Нащупав в кармане предохранительную чеку, я достал ее и осторожно продел проволочные усики в дужки предохранительной скобы, потом разогнул их в стороны.

— Готово, отпускай.

Лазаренко с видимым облегчением разжал ладонь, уронив мне в руки тяжелую зеленую картофелину «эргэдэшки».

— Ну, ты, Толян, даешь! Тебе не в начклубы, а в камикадзе надо идти. Там такие фокусы просто на ура прокатят. И чего тебя в клуб-то занесло?

— Да шмотки свои решил собрать. Через час «вертушка» за нами прилетит. Вывозят всех раненых в Ростов. Вот и пошел собираться.

— Ну и как собрался?

— А... — неопределенно махнул рукой Толик. — Эти пидоры все мои шмотки перетрясли. Все, что было хорошего, растащили. А собирать за ними тряпки по полу — западло! Не дождутся! Так что я только это хреновиной, — он кивнул на гранату, — поразбивал аппаратуру, которая в кабинете была, и ушел...

Я смотрел на начклуба и все больше проникался удивлением. Словно вдруг узнал, что передо мной не Толян Лазаренко, тихий алкаш, болтун и выжига, а внебрачный сын английской королевы. Вот так, запросто, чтобы поставить оборзевшего «чеча» на место, он рванул зубами чеку гранаты, как будто это китайская хлопушка, а не боевая граната...

Кто бы мог подумать!

И здесь я вспомнил о главной цели моего визита. Вытащил из «разгрузки» узелок, развернул его и протянул Лазаренко.

— Это что? — непонимающе уставился он на меня.

— Как что? Ухо! Как договаривались. Спецназ, Толя, свое слово всегда держит!

Начклуба брезгливо взял платок и поднес к глазам, разглядывая серую личинку, лежавшую в его центре.

— Действительно ухо, — задумчиво протянул Толя. — И воняет...

— Извини, свежачка не было, — пожал я плечами. — Засолишь, подсушишь, и все будет тип-топ!

— Значит, нашелся твой дружок? — Лазаренко оторвался взглядом от трофея и посмотрел на меня.

— Нашелся.

— И как он?

— Никак! Сгорел он на Первомайской. Со всем экипажем. Только сегодня нашли и вывезли.

— А ухо тогда откуда?

— От него. Последним снарядом он боевика в доме завалил. Я сам там был и сам его срезал. Так что теперь вы с Эльфом в расчете.

Начклуба задумчиво посмотрел на лежавшее в его ладони ухо. Потом вдруг смял платок в комок и зашвырнул его в залитую водой квадратную яму — полузаплывший старый окоп.

— Да пошло оно все! — ощерился он. — Сколько мы тут мужиков своих положили. И все зря! Уши, лапы, хвосты... Да атомную бомбу сюда надо скинуть, чтобы выжечь здесь все на три метра вглубь!

— Думаешь, поможет?

На мгновение начклуба задумался, потом тряхнул головой:

— Ты прав! Не поможет. Бомбу нужно на Кремль кинуть, когда там вся московская мразь соберется...

— Правильным курсом идете, товарищ! Только где бомбу взять?

Лазаренко почесал пробившуюся на щеках щетину.

— Где бомбу взять, пока не знаю, но вот полфляги у меня в тумбочке еще осталось. Пошли, помянем твоего друга. Заодно и отходную выпьем. В какой жопе мы теперь с тобой увидимся и когда — одному богу известно.

— Когда увидимся — не знаю, но вот название этой жопы, кажется, угадать могу, — хмыкнул я, убирая «эргэдэшку» в карман «разгрузки».

— Я его тоже знаю, — буркнул начклуба.

— Вот и славно! Значит, там мимо друг друга точно не пройдем. Так, говоришь, полфляги еще осталось?

— Даже больше.

— Кстати, все хотел спросить тебя, как там Света? — набрался я наконец смелости задать давно мучивший меня вопрос. — По-скотски все тогда получилось...

— Не бери в голову. — Лазаренко выбрался на асфальт и начал сосредоточенно оббивать от грязи берцы. — Все у нее устроилось. Как раз перед нападением «чечей» она улетела домой. Здесь к ней просто банным листом прилип один дирижер не то из александровского ансамбля, не то из Большого театра. Он с ней, оказывается, учился в одном училище.

В общем, хочет ее забрать к себе в труппу. Говорит, голос у нее просто уникальный. Так что, глядишь, еще и по телевизору ее увидишь и гордиться будешь, что когда-то знаком с ней был.

А все же зря я ухо выкинул, — вдруг остановился Лазаренко — Хоть какая-то память осталась бы, кроме этой, — и начклуба приподнял перебинтованную руку.

— Так, может, вернемся? — предложил я. — Выловим?

Лазаренко на мгновение задумался, а потом махнул рукой.

— А-а-а... ладно! Возвращаться плохая примета. Хрен с ним! Еще много нарежем. Пошли водку пить. «Вертушка» скоро...

Светлой памяти
Миши Лукинова

ВЕЛИКИЙ МГАНГА

— Мганга, расскажи что-нибудь про шаманов.

Чахлый костерок из собранных по руинам обломков чьих-то кроватей, стульев, шкафов и столов едва освещает наши лица во тьме подвала. Дров мало. Небольшая куча разнокалиберных щепок на всю ночь. Местные давно все дерево растащили. Они из этих руин уже вторую неделю не выбираются. Наверное, в Сталинграде так люди жили во время его осады. Норы, подвалы, переползания, перебежки.

Плохо так говорить, но местные мне сейчас очень напоминают крыс. Помню, в школе изучали. «Кормовая камера, спальная камера, место для естественных отходов...» Так и тут. В ближнем подвале они спят, в дальнем гадят. Есть и своя «кормовая камера». Они смогли разобрать стенку в подвал разбитого магазина. Он, конечно, пустой. Чечен-хозяин еще перед началом боев все вывез. Но осталось несколько коробок макарон, коробка старого прогорклого маргарина и пара упаковок сухого напитка «Инвайт». Если им развести гнилую воду из бочки, выставленной под водосточную трубу — главный здешний источник воды, то эта грязь приобретает более-менее нормальный вкус, и ее уже можно пить не кипятя, а это экономия дров.

— Мганга, ну расскажи!

Мганга — сахаляр. Никогда до этого не знал, что есть такое слово. Оказалось, так зовут тех, у кого кто-то из родителей якут. У Мганги якут отец. Вообще-то зовут его Миша, Михаил Лукинов. А Мганга — его прозвище. Точнее — Великий Мганга. В каком-то старом фильме был такой африканский колдун. Прозвали Мишку так потому, что он, по его словам, сын шамана и ученик шамана. Может быть, он и врет. Но слушать его интересно.

— Ну, чего ты ломаешься, расскажи!

Его лицо в дрожащем пламени похоже сейчас на какую-то восточную маску. Хотя днем, на свету Мишка не очень похож на якута. Кожа у него белая, глаза европейские. И только разрез глаз якутский — узкий, поднимающийся к вискам. Да еще лицо широкое. Мы даже поначалу не поверили в его рассказы об отце-якуте. Думали — врет. Но в военном билете в графе «место призыва» было написано «гор. Тикси». Пришлось поверить.

Сам Мганга объясняет свою небольшую похожесть на якутов тем, что его мать, приехавшая в Тикси по распределению после медицинского училища, была родом из глухой костромской деревни.

— Кровь у матери сильная была. А у отца кровь слабая, не мужская. Он же теперь не мужчина...

От его рассказов мы иногда просто угораем со смеху. По словам Мишки, его отец только какое-то время был мужчиной. Но как стал шаманом, то переродился в женщину. Так, мол, духи захотели.

— Так, может, он у тебя обычный пидор? — зашелся хохотом после этого его объяснения Окинава — Степка Акинькин, долговязый белобрысый сержант. — В зад дуплится, а ты нам лапшу на уши о каких-то духах вешаешь. Да у нас в Москве, в сквере перед Большим театром, этих духов жопашных — как грязи!

— Дурак ты! — беззлобно огрызается Мганга. — Никакой он не жопашник. У настоящих шаманов всегда так. В обмен на силу им духи велят измениться.

— А как он изменился? — не унимается Окинава. — Ну, как женщиной стал? Типа, в жопу кому-то дал, да? — Он опять давится смехом.

Но Мганга непоколебим.

— Сам ты в жопу даешь! Никому он не давал. Просто переоделся в женское платье и стал жить как женщина, хозяйство вести женское...

— Так, может, он у тебя и ссыт, как баба? — сквозь смех спрашивает Окинава.

— Да, ссыт как баба, на корточках, — неожиданно соглашается Мганга.

От этих слов Окинава вообще складывается пополам. Все остальные тоже хохочут в голос.

— Вот умора! Ну, вы даете! — чуть не задыхаясь от смеха, тараторит Окинава. — Нет. Я в шаманы не пойду. А то сядешь поссать, а тебя какая-нибудь змея в конец болтающийся укусит. Или мужики с бабой перепутают, поставят раком...

— Мганга, ну расскажи, не ломайся!

— Ладно. — Широкое лицо Мганги в языках огня сейчас очень похоже на какую-то восточную маску. — Расскажу, как я отца первый раз увидел.

Мне тогда тринадцать лет было. На праздник солнца в наш поселок всегда приезжали якуты, ханты, манси и прочие северяне. Вообще, отношение к ним было не очень. Вечно грязные, воняющие рыбой, тюленьим жиром, сопли — до подбородка. Ну а уж когда они напивались, то вообще теряли человеческий облик. Мы часто издевались над ними.

Я скрывал, что мой отец якут. Рассказывал, что мой отец был летчик. Мол, погиб, когда я был маленьким.

В тот год в поселок приехал шаман. Шаманы редко появлялись в поселке. Боялись милицию, боялись, что посадят за тунеядство или по религиозной статье. Жили шаманы обычно далеко в тундре...

В тот день я помогал матери нести сумки из магазина. Тут к нам подошла пожилая якутка. Мать ее сразу узнала и почему-то занервничала. Послала меня с сумками домой, а сама осталась с ней. Через час пришла, заперлась у себя в комнате, плакала. Я к ней, мол, что случилось. Она долго не хотела говорить. Но я не отставал. Наконец сказала:

— Здесь твой отец.

Я растерялся. Знал, конечно, что где-то он есть.

За год до моего рождения мать всю зиму в стойбище каком-то жила. Ее за ним закрепили. Эксперимент какой-то был. Типа новая форма медицинского обслуживания оленеводов. Фельдшерский пункт. Там она с отцом и познакомилась. Но почему-то у них не сложилось, и весной она улетела в Тикси. Через какое-то время родился я. Но я всегда думал, что это было где-то очень далеко. И вдруг, вот так прямо: «Здесь твой отец!»

Я мать спросил:

— А он к нам придет?

— Нет, — сказала, — не придет.

Помню, обидно стало. Первый раз в жизни я почувствовал себя безотцовщиной.

— Что, видеть не хочет? — говорю я.

— Нет, — говорит мать, — не поэтому. Просто он теперь другой.

— Какой другой?

Она долго не хотела отвечать. Но я ее все же достал.

— Отвяжись, — разозлилась мать. — Не придет потому, что он шаман...

Я так и охренел. Батя — шаман!

Конечно, с того дня только о нем и думал...

О нем много тогда говорили. Кто сказал, что он умеет управлять погодой. В магазине какой-то пьяный якут рассказывал своему собутыльнику, что шаман может прикидываться волком и главное — «ходит за реку мертвых» — умеет переходить в подземный мир мертвых и духов.

Можно было, конечно, просто взять и прийти к нему. Мол, я твой сын. Но не знаю почему, я боялся...

В тот день я возвращался с острова Бруснева. Мы там часто играли. Лазили по корабельной свалке. По дороге налетел заряд. Я не очень испугался. Направление знал. Брел, отворачиваясь от снега. И наконец вышел к окраинам поселка. Как раз к чумам. Сильно замерз, к тому же снег стал просто валить стеной. В паре метров уже было ничего не видно. Еле добрел до ближайшего чума и буквально ввалился внутрь. Только когда оттер лицо от мокрого липкого снега, понял, что сижу в чуме шамана. Смотрю, кто-то у очага сидит. Услышал меня, повернулся, поднялся.

Смотрю и не пойму. По одежде вроде баба. Парка, торбаза. Но лицо как у мужика. В волосах какие-то косточки, кисти и нити. На линялой байковой рубахе куча каких-то мешочков. Еще помню цвет кожи, показался почти черным. Стою как дурак, а в голове одно: «Е-мое! Это же мой отец...»

Он подошел ко мне и начал меня шумно обнюхивать. Делал он это как-то по-медвежьи. Так когда-то цирковой медвежонок в наморднике выпрашивал у нас сахар. Сильно сопел и поминутно глотал слюну. Я просто охренел от ужаса. А он обнюхал мои лицо, шею, волосы, потом опустился ниже, обнюхал живот, уперся в ширинку. Тоже обнюхал.

Я почувствовал, что краснею как помидор и вот-вот обоссусь от ужаса.

Но тут он спустился ниже и обнюхал мои ноги.

Потом встал и, схватив меня за шиворот, буквально потащил к очагу. Усадил на оленью шкуру. Потом солдатской кружкой зачерпнул из котла над очагом какого-то варева и сунул ее мне в руки. «Пей, рысенок!» — это были первые слова, которые я от него услышал. Ну, я глотнул. Что-то горячее солоновато-сладкое. Стою, цежу из кружки, а сам батю разглядываю.

А он все так же молча вытащил откуда-то из шкуры еще одну кружку и, зачерпнув из котла, начал пить сам.

В животе у меня словно какой-то горячий горшок разлился. Жарко стало. И спать захотелось дико. Так бы прямо там и лег. Я, чтоб сон отогнать, мотнул головой.

Тут он на меня посмотрел и говорит: «Что, рысенок, хлебнул крови и замурлыкал?» При слове «кровь» у меня комок подкатил под горло. Посмотрел в кружку — что-то черное. Неужели кровь?

Я знал, что местные оленью кровь пьют. Мы к этому относились с брезгливостью. Говорили, что от сырой крови можно заразиться паразитами.

В общем, чтобы не наблевать прямо на шкуры, я вылетел вон. По дороге плечом задел руку шамана с кружкой так, что вылил все на его рубаху.

Меня вырвало прямо за чумом. Блевотина была почти черной. В кружке точно была кровь! Меня долго выворачивало наизнанку. Когда я наконец пришел в себя и поднялся с коленей, то чуть не боднул стоявшего передо мной шамана. Смотрю и чувствую, что что-то не так. И тут вижу, что стоит он все в той же рубахе, на которую я разлил его кружку. Но вместо черно-кровавого пятна на рубахе бледное сырое пятно, с которого на темные унты падают мутно-белые капли. Молоко! Тут меня просто прибило. Я буквально на четвереньках рванул к поселку. Только в собственном подъезде кое-как отдышался.

Я пил кровь! Но в кружке шамана было молоко! В моих мозгах это никак не совмещалось. Я же сам видел, как из котла он сначала зачерпнул кровь для меня, а потом молоко для себя. Вот...

Мганга замолчал. Повисла тишина. Первым не выдержал Окинава:

— Ну и как он это сделал?

— Он шаман, — глухо ответил Мганга. — Сделал не он, а его духи. Они видели меня и знали, что мне нужна была кровь. И в мою кружку налили крови. А ему нужно было молоко. Ему налили молоко.

— Какие духи? Ты их что, видел? — не выдержал я.

— Их называют «Келет», — ответил Мганга. — Помощники. Они есть у каждого шамана.

— И ты их видел?

Мганга медлит с ответом. Наконец говорит:

— Да, видел.

— Ну и какие они?

— Они всегда разные. У них нет формы. Келет может быть размером с муху, а через минуту подойти к тебе человеком, а потом ты встретишь его сидящим на сопке, как на стуле...

— Ладно, сказочник. Хватит народ байками развлекать, — раздался из темноты голос взводного, и через мгновение он вынырнул в свет костра. — Ужин старшина привез. Пошли, пока совсем не остыл.

К нам в роту Мганга попал месяц назад. До этого он служил в дивизионном зенитном полку в полковом клубе. Год прослужил спокойно. Афиши рисовал, плакаты, за порядком в клубе следил. Но потом на Мгангу взъелся новый начальник клуба, лейтенант, прибывший сюда после училища. Выяснилось, что Мганга числится на должности контрактника. А новый начальник решил на это место устроить свою жену. Какая-никакая, а работа. В военном городке с этим туго...

— К нам в полк разнарядка пришла, — рассказал нам в первую ночь после прибытия Мганга. — Выделить двадцать человек в Чечню для пополнения. А начклуба знал, что у меня есть охотничий билет. Вот и побежал в штаб докладывать, что я, типа, якутский охотник. Мол, месяцами по тайге ходил, белку в глаз бил. Дурак, однако! У нас в Тикси тайги вообще нет. Тундра кругом. А охотился я всего несколько раз. У нас сосед был местный охотовед. Вот он мне и сделал билет. Не охотник я. Не люблю зверей стрелять. Только кому это объяснишь. Я пытался в штабе рассказать, но на меня помощник начальника штаба капитан Свирский накричал, мол, трус, от войны закосить пытаешься...

В общем, меня и послали...

Может, и не любил Мганга охотиться, но стрелял он отлично.

Всех новичков наш ротный проверял самолично. Как стреляют, как с автоматом управляются, как бегают и ползают.

Так вот Мганга из «калаша» первой же пулей сбил пачку из-под сигарет, которую по приказу ротного выставил каптер в окне разбитого дома на другой стороне улицы. Майор только хмыкнул.

Долго в бинокль разглядывал дом. Потом повернулся к Мганге:

— На третьем этаже, второе окно справа — часы на стенке. Видишь?

Мганга прищурился, выискивая нужное окно.

— Да вроде есть что-то... — наконец сказал он.

— Ну-ка, сними их! — скомандовал ротный.

Мганга прицелился и выстрелил.

Ротный приник к биноклю.

— Промазал! — разочарованно выдохнул он через пару секунд. — Висят на месте.

— Однако, попал, — угрюмо ответил Мганга.

Ротный коротко и сердито глянул на Мгангу. Майор не любил, когда ему перечили. На скулах его заходили желваки. Он еще раз прижал бинокль к глазам. Несколько секунд разглядывал в него что-то. Наконец опустил бинокль и коротко скомандовал:

— Окинава, смотайся принеси сюда часы.

Акинькин медленно встал с разбитого дивана, всем своим видом изображая нечеловеческую усталость.

— Товарищ майор!.. — обиженно затянул он. — Ну, чего ходить-то? Попал бы — сбил бы. Чего зря бегать?

Плохо он знал майора...

При словах «зря бегать» глаза ротного мгновенно захолодели.

— Акинькин, тебе не понятен приказ? — мгновенно вызверился он. — Бегом! Две минуты туда-обратно. Время пошло!

Хорошо понимая, что будет дальше, если он задержится еще хотя бы на пару секунд, Окинава, тяжело бухая по полу сапогами, рванул к лестнице.

Вернулся он только минут через пять. И прямо с порога, задыхаясь от бега, начал оправдываться:

— Товарищ майор. Там лестница совсем разбита. Двух пролетов нет. Пришлось через соседний подъезд забираться. Через пролом на пятом этаже...

Грудь его ходила ходуном, со лба густо катился пот, который он то и дело стирал рукавом бушлата, размазывая полосы грязи по лицу. По всему было видно, что Окинаве пришлось хорошо побегать.

— Вот! — И он поставил на стол перед ротным настенные часы в деревянном корпусе, на котором был изображен какой-то горный пейзаж. На стыке металлического циферблата и деревянной панели вороньим глазом чернело свежее отверстие от пули.

Майор сразу потеплел.

— Ничего «зря», Акинькин, в армии не бывает, — уже спокойно и умиротворенно сказал он. — Считай, физкультурой позанимался. А то от ползучей жизни скоро вообще бегать разучитесь.

А ты, парень, молодец! — повернулся он к сидевшему у пролома в стене Мганге. — Рядовой Лукинов... Как, говоришь, зовут тебя?

— Михаил, Миша...

— Молодец, Миша. Хорошо стреляешь... Зеленцов! — позвал он взводного, дремавшего в углу комнаты на притащенной бойцами откуда-то продавленной раскладушке. Тот, услышав свою фамилию, открыл глаза и сел. — Заберешь у Розова «эсвэдэшку» — она ему все равно только вместо костыля. Стреляет в божий свет как в копеечку. Передашь Лукинову. А ты, Михаил, изучи ее хорошенько. Пристреляй. Зеленцов тебе поможет. И чтобы от меня ни на шаг не отходил. Понял?

— Так точно! — откликнулся Мишка.

— Кстати, а как ты понял, что попал? — вдруг переспросил ротный.

Мишка замялся.

— Ну это... Увидел.

— Ну-ну... — недоверчиво хмыкнул ротный. — Я в бинокль не увидел, а он увидел...

Так Мганга стал снайпером.

Наш ротный майор Зарембо мужик толковый. Настоящий пес войны. До Чечни он успел отслужить «срочником» в Афгане, потом уже офицером в Карабахе, Таджикистане и Приднестровье. Говорили, что в один из своих отпусков он даже успел добровольцем повоевать в Сербии.

Внешне наш майор может вогнать в страх кого угодно. Крепко сбитый. Бритый наголо, с огненно-рыжей бородой, он сам похож на боевика.

У майора крепкие широкие челюсти и глубокая ямка на подбородке. Неделю назад в подвале разбитого дома солдаты нашли бог весть откуда взявшуюся здесь немецкую каску. Конечно, ее принесли ротному. Тот с любопытством повертел ее в руках, а потом в шутку надел на голову. Мы так и опали. Не выдержал даже взводный Зеленцов:

— Николай, ну ты вылитый фриц. Тебе эсэсовцев в кино играть надо. Кальтенбруннер, ептыть...

С того дня майора за глаза так и звали — Кальтенбруннером.

Но воевать с Кальтенбруннером нормально. Он никогда не спешит и в герои за счет солдатской крови не рвется. В атаку в полный рост мы, как ребята из второй роты, не бегали. И напуганным стадом баранов по городу не шарились.

Любой приказ сверху Кальтенбруннер сначала хорошо обдумает и только потом берется выполнять. Поэтому уже пять суток в роте нет «двухсотых» — убитых. Было четыре «трехсотых» — раненых, но на войне без потерь не бывает. Мы это хорошо понимаем.

Вперед по городу мы продвигаемся осторожно. Почти на ощупь.

Сначала на улицу просачивается наша разведка. Если противника там не обнаруживает, то занимает верхние этажи, крыши, а на улицу входят штурмовые группы. Они «чистят» дома и подвалы.

— Каждую квартиру надо проверить, в каждый закуток залезть! — с упрямством осла перед каждым боем инструктирует нас Кальтенбруннер. — Сомневаешься — закати впереди себя гранату, только за угол не забудь спрятаться да посмотри, чтобы стенка не из фанеры была.

После того как группы «сядут» на дома, на улицу броском выдвигается боевая техника — БТРы и «Уралы» с минометами. Их сразу рассредоточивают, маскируют среди домов так, чтобы были полностью укрыты от огня гранатометов, а разведка опять идет вперед.

Вообще, вся эта война сплошной «сюр». Со склонов вокруг города в небо бьют рыже-черные факелы нефтяных скважин, и небо вечно расчерчено от горизонта до горизонта лентами жирной копоти. Город — нагромождение искореженных глыб металла сгоревшей техники. Руины, завалы, остовы стен, куски тел — свежие и загнившие, изломанное оружие. На все это каждое утро ложится ослепительно белый саван мокрого, набухшего водой снега, сыплющегося который день из мутного, низкого неба. К вечеру снег переходит в дождь, а сугробы превращаются в грязь. Взбитая, перемешанная гусеницами, колесами, сапогами, разрывами до липкости квашни, эта грязь везде. На бинтах, на стенах, в горячей банке «тушняка» и на лицах убитых. На одежде и на оружии. По ней невозможно ходить, только скользить, как на лыжах, но то и дело в нее приходится падать, вжиматься, спасаясь от пуль или от стервозного свиста падающей мины. Белесая, липкая, маслянистая, она напоминает гной, и кажется, сама земля этого города, зараженная трупным ядом, отмирает навсегда в этом аду, подсвеченном факелами нефти.

Мганга почти всегда при ротном. Кроме Мганги при ротном два пулеметчика, пара «химиков» со «шмелями» и гранатометчик. Это личный резерв ротного. Когда мы натыкаемся на сопротивление, Кальтенбруннер с этой группой обычно решает исход боя в нашу пользу. Пока взводы «вяжутся» в перестрелке с «чечами», ротный с резервом выбирает позицию для удара. И в нужный момент накрывает боевиков. Сосредоточенный огонь двух пулеметов, «Шмелей», «граника» и «снайперки» — страшная штука. «Граник» и «Шмели» выкуривают чечен из укрытий, заставляют их менять позиции, перебегать, переползать. Пулеметы прижимают их к земле. И здесь они оказываются на мушке у Мганги. За три недели Мганга наколотил боевиков, наверное, больше, чем вся остальная рота, вместе взятая.

— Ты бы, что ли, зарубки на прикладе делал, — как-то вечером после боя не выдержал ротный. — Счет свой вел. Чтобы, когда к награде буду тебя представлять, — не сбиться.

Но Мганга считать своих убитых отказался.

— Нельзя этого делать. Зарубка его душу к моему оружию привяжет, — объяснил он. — Рассердится душа. Мстить мне, однако, будет. Боги этого не любят.

Ротный вдруг взорвался:

— Какие духи? Какие боги? Мганга, ты что, совсем двинулся? — Майор зло пнул сапогом снарядный ящик, в котором горой были навалены пулеметные ленты. — Бога нет! Запомни это хорошенько! Посмотри вокруг! Если бы бог был, то никогда не позволил твориться этому дерьму! Неужели тебе это не ясно? Нет бога!!!

Мганга отмолчался.

Ротный тоже, словно пожалев о том, что вспылил, сел к столу и склонился над картой. Минут пять все молчали. Наконец ротный взглянул на часы и тяжело поднялся.

— Я к комбату. Зеленцов, остаешься за меня, — как-то устало и опустошенно сказал он. И тяжело зашагал к выходу из подвала.

Когда он ушел, радист Вовка Круглов повернулся к нам:

— Слушайте, мужики, а ведь наш ротный действительно в бога не верит. Вроде русский, а крест не носит. Помните, когда поп к нам приходил, он его с нами оставил, а сам ушел. Поп ему образок подарил, а он его, после ухода попа, в канцелярский ящик засунул.

— У него ребенок три года назад погиб, — вдруг сказал взводный. — Два годика пацану было. Опрокинул на себя кастрюлю с кипятком. Обварился насмерть. Они с женой, после того как наших из Армении выгнали, в каком-то бараке жили без воды, без газа. Жена после смерти сына сошла с ума. Наложила на себя руки. После такого в чем угодно разуверишься...

— Он верит в бога, — неожиданно сказал молчавший все это время Мганга. — Просто он этого не знает. Его бог — бог войны. Этот бог забирает человека всего без остатка. Он забрал его семью.

— Эх, ну и мудила же ты, Мганга! — злится взводный. — Я тебе про серьезные вещи говорю. А ты опять со своими духами. Человек за три месяца сына и жену похоронил. Какие еще боги войны? Где ты их нашел. Бог один. И имя ему Иисус Христос. Понятно?

— Я про большого бога ничего не говорю. Но есть еще и малые боги, — упрямо гнет свое Мганга. — Это старые боги. Они жили еще до Христа. И среди них есть боги войны. Это самые страшные боги. Они сидят на подстилках из костей, их чумы сложены из скелетов и обтянуты человеческой кожей. Им все время нужна свежая человеческая кровь...

— И где они, эти боги, живут? — голос взводного аж дрожит от злости. — В горах, в тридевятом царстве, или под Москвой, или, может быть, у вас там, в Тикси?

Мганга словно не замечает злости взводного.

— Война — это другой мир, — объясняет он так, словно рассказывает нам очередную историю про отца-шамана. — Он глубоко под нашим миром. Над ним мир зимы и мир воды. Наш мир — это яйцо, которое в них плавает. И если человек в мир войны провалился, то он навсегда забывает дорогу в свой мир. Он уже никогда не сможет стать тем, кем был, и его мир уже никогда больше не будет таким, каким был. Война будет идти за ним, и даже если он будет жить во дворце, он этого не поймет. Вокруг него ему будут видеться только дымящиеся руины. Человек будет вечно искать дорогу обратно, в наш мир. Но пути назад нет. Тот мир меньше нашего, и там другое время. Другие боги. И однажды человек умрет, но так и не поймет — нашел он эту дорогу или нет...

— Все, Мганга, хорош звиздеть! — не выдерживает взводный. — Какое яйцо? Куда кто проваливается? Я тоже на войне. И все мы тут на войне. И куда мы провалились? Да я готов сквозь землю провалиться, но только оказаться отсюда за тридевять земель.

— Нас боги войны не избрали, — не унимается Мганга. — Мы просто проходим перед их глазами. С нас берут жертву и отпускают. А вот капитана они выбрали. Они увидели его сердце. И они его уже не отпустят. Это его путь. Он станет великим воином.

— Ты еще скажи — маршалом! — уже издевательски бросает лейтенант. — Или генералиссимусом... Чтобы ты знал, ротный еще в ноябре рапорт написал на увольнение. Это его последняя командировка. И когда отсюда вернется — его уже приказ будет ждать. Так что хреновый ты предсказатель...

Вместо ответа Мганга надвигает на глаза ушанку и отваливается к стене. Спор закончен. Взводный сердито дует на клубящийся паром горячий чай в кружке, и пар его дыхания смешивается с паром от кипятка. К ночи явно холодает...

— Никуда он отсюда уже не уедет. Они его не отпустят, — вдруг доносится до меня шепот Мганги.

Я растерянно хлопаю глазами и оглядываюсь по сторонам. Но слова Мганги, кажется, расслышал я один. Все остальные заняты своими делами. Я хочу переспросить Мгангу, но он уже спит, склонив голову на плечо...

Мганга бывает странным. Обычно спокойный, молчаливый, не любящий спорить и ругаться, он может быть упрямым до глупости. Гнет свое, несмотря ни на что. Уже все вокруг смеются над его объяснением или рассказом, никто толком не слушает, а он все говорит и говорит. Словно по обязанности выговориться да конца.

Но иногда он такие фокусы показывает — просто отпад!

Неделю назад, когда наш батальон отошел во второй эшелон, Мганга у меня на глазах заговорил кровь. Никогда бы не поверил в такое, если бы сам не увидел...

Рядом с нами была вертолетная площадка, с которой эвакуировали раненых и убитых. Она редко пустовала. То и дело к ней подвозили, приносили на руках носилки с ранеными, те, кто полегче, брели сами. Отдельно ставили носилки с убитыми. Укутанные с головой в обрывки брезента или собственные бушлаты, примотанные к носилкам бинтами или проволокой, они были похожи на огромные коконы...

Взводный принял новые аккумуляторы для радиостанций, и мы с Мгангой их тащили. Тропа проходила как раз у вертолетной площадки. Там, на свежем снегу топталось несколько раненых и стояла пара носилок. Значит, скоро должен был прилететь вертолет.

У одних носилок суетился врач. На носилках лежал солдат в замасленном до асфальтного блеска танковом комбинезоне. Правый рукав его был разрезан, и из него торчала бледно-желтая рука. Правое плечо танкиста было обмотано черными от крови бинтами. Прямо под носилками снег густо пропитался кровью.

— Почему ты в военкомате не сказал, что у тебя гемофилия? — почти орал врач на бледного как снег солдатика, лежащего на носилках. — Кровью ведь, дурак, истечешь!

Солдатик что-то пытался говорить шепотом, но голоса его не было слышно.

— Зажимай руку, я сейчас! — Врач бегом затрусил к госпитальной палатке.

Мганга неожиданно остановился.

— Чего встал, Лукинов? Пошли, — обернулся к нему взводный.

— Идите, я вас догоню. — Мганга поставил на снег ящик с аккумуляторами и, подойдя к носилкам, присел рядом с раненым.

— Знакомого, что ли, встретил? — окликнул его Зеленцов, но Мганга словно бы не услышал его вопрос. Он что-то тихо спросил у раненого, потом наклонился к его забинтованному плечу и, как мне показалось, прижался к нему губами.

— Чего он делает? — изумился взводный. — Он что, с ума сошел? Мганга!..

Но тот опять не прореагировал.

— Товарищ старший лейтенант, да не мешайте вы ему! — выпалил я и тут же похолодел от собственной наглости. Чтобы не разозлить Зеленцова, добавив «плаксивости» в голос, я почти умоляюще загундосил: — Пусть попробует. Он же шаман. Вдруг получится. А то пацан кровью истечет. Доктор же сказал...

Зеленцов сердито зыркнул на меня глазами, но промолчал. Наверное, ему самому стало интересно увидеть, чем закончится шаманство Мганги.

Мганга по-прежнему стоял на коленях перед носилками и, низко склонившись, что-то не то шептал, не то просто шевелил губами. Раненый танкист не шевелился и, казалось, просто потерял сознание. Так прошло несколько минут.

Наконец Мганга выпрямился. Как-то устало, опустошенно встал с коленей и тяжело зашагал к нам. В это время из медицинской палатки появился доктор. В руках он нес несколько уже распотрошенных индивидуальных перевязочных пакетов. У раненого танкиста он, так же как и Мганга, опустился на колени. Достал из кармана нож и, подцепив набрякшую кровью повязку, осторожно начал ее разрезать.

— Сейчас перебинтуемся, потом капельницу тебе воткну. Держись, сынок! — поставленным «бодро-докторским» голосом сказал он и медленно развел в стороны разрезанную повязку. Неожиданно хмурое лицо его разгладилось, в глазах мелькнула растерянность.

— Смотри! Остановилась кровь-то! Слава богу! Ну, теперь все будет хорошо...

Мганга поднял с земли ящик и, поставив его торцом на плечо, подошел к нам. Мне показалось, что губы его перепачканы кровью. Может быть, это была грязь, но спросить я не решился.

Зеленцов молча повернулся, и мы зашагали по дороге к нашему расположению. Минут пять молчали. Наконец взводный не выдержал:

— Как ты это сделал?

— Да ничего я не делал, — буркнул Мганга.

— Ага! А кровь сама остановилась... — хмыкнул Зеленцов.

— Ну, типа, того... — отозвался Мганга.

— Ладно, Мганга, не хочешь говорить — не надо. Хрен с тобой! — насупился было взводный, но быстро овладел собой и уже примирительно закончил: — Но учти, в случае чего — я на тебя рассчитываю. Отчитаешь меня — до гробовой доски поить буду.

Вечером мы долго сидели у костра.

Нас никто не спешил укладывать. Офицеры ушли на совещание в батальон. И мы пользовались выпавшей свободой.

— Мганга, расскажи еще что-нибудь о шаманах, — попросил я. — Это тебя отец научил кровь заговаривать?

— Нет, — Мганга мотнул головой. — Не учил. Я просто вдруг понял, что могу ее остановить. А как — сам не знаю.

— А как же тогда шаманом становятся?

— Я правда не знаю. — Мганга страдальчески сдвинул брови. — Не учился я на шамана. Вообще — шаманству не учат. Это призыв. Позовут тебя духи — станешь шаманом. Нет — и не пытайся. И вообще, никакой я не шаман!

— Но ведь как-то ты кровь остановил!

— Не знаю как. Я же сказал. Просто почувствовал.

— Неужели тебя отец ничему не научил?

— Ничему. Я его с тех пор видел всего один раз.

— Ну, расскажи, Мганга.

Он словно хотел «соскочить» с темы про заговор крови и неожиданно сразу согласился:

— Ладно...

Дня через три после первой встречи я пошел гулять на берег моря. После пяти месяцев полярки солнце всегда казалось каким-то чудом. Я брел вдоль кромки берега и вдруг неожиданно впереди увидел фигурку якута. Не знаю почему, но я сразу сообразил, что это шаман, хотя ни разу до этого не видел его на улице. Я осторожно пошел за ним. Так мы шли почти час, а потом я увидел, как шаман завернул за небольшую прибрежную скалу и пропал из виду. Я дошел до скалы и осторожно выглянул из-за камня. Площадка за камнем была пуста...

Я растерялся. И здесь вдруг какая-то сила меня подняла над землей, и через мгновение я оказался на высоте полутора метров на узком уступе. «Сила» оказалась рукой отца, который за ворот затащил меня наверх. «Это ты, рысенок?» — буквально рявкнул он. Я глупо хихикнул, но он резко стукнул меня ладонью по макушке, и я заткнулся. Тут он достал какой-то костяной крючок, к которому был привязан длинный шнур из оленьей кожи, и, неожиданно разжав мне зубы, засунул мне его в рот, потом обмотал шнур вокруг моей шеи так, что я оказался буквально на крючке, как рыба. Свободный конец он обкрутил вокруг своей ладони и потянул за собой куда-то вверх. Я хотел было сорвать петлю с шеи, но она резко затянулась, и я почувствовал, что через мгновение костяной крючок вопьется в нёбо, а на шее затянется узел. Я послушно потянулся за ним. Он полез по скале вверх. Мне стало очень страшно. Шаман лез почти по отвесной, занесенной снегом обледенелой скале! Но крючок во рту вновь кольнул нёбо, и я, как обезьяна, начал карабкаться за ним. Я лез и думал только о том, что если сорвусь, то костяной крючок порвет мне рот, и я буду болтаться на кожаном шнуре как удавленный кот, которого я однажды видел у поселковой котельной.

Не помню, как оказался на вершине. Со стороны скала казалась невысокой: с двухэтажный дом, но с вершины она была такой высокой, что казалось, я нахожусь где-то в небе над тундрой. Здесь он молча освободил меня от кукана. Я буквально рухнул на камень. Но тут он сорвал с себя парку и, оставшись в одной рубахе, постелил парку под меня и усадил спиной к каменному выступу.

Сам он уселся прямо на снег рядом со мной.

Перед нами до самого горизонта было мертвое ледяное царство торосов и льда. Уходящее солнце покрыло все каким-то пурпуром, бесконечно отражавшимся и искрившимся в ледяных глыбах. При этом тени создавали такие причудливые узоры, что казалось, море наполнено какой-то странной жизнью. В жизни не видел такой холодной и мертвой красоты.

Тут отец вытащил из торбы, висевшей за плечом, бубен, глиняную свистульку и высушенные крылья полярной совы. Он сунул крылья совы мне в ладони:

— Когда придет ветер, разведи руки в стороны и лови его в крылья!

Я спросил его:

— Как?

— Так, чтобы ветру понравилось. — С этими словами он ударил в бубен.

В морозном воздухе гулко ухнула натянутая желтая кожа. Он ударил еще и еще. И вскоре бубен уже выбивал какой-то «плескающий» мотив: череду редких протяжных и коротких сдвоенных ударов.

Я страшно замерз и почти не чувствовал тела. Сквозь парку меня буквально обжигал холод скалы. Неожиданно с моря задул пронизывающий ветер. Сначала это были редкие порывы, но постепенно он крепчал и скоро уже сильно дул прямо в лицо, выстужая кожу до онемения. Мне хотелось плакать, но, напуганный костяным куканом, я решил, что шаман — сумасшедший и подчиниться ему без возражений — лучший выход.

«Где твои крылья?» — неожиданно спросил он меня. Я скосил глаза. В одной рубашке, с развевающимися под ветром косматыми седыми волосами, он действительно был сумасшедшим! «Как он не чувствует холод?» — совершенно тупо, замерзая, подумал я, потом поднял руки и развел их в стороны. Порывы ветра сразу до боли вывернули ладони с растопыренными крыльями, и я от боли чуть не выпустил их. Парусность у них была большой, и удерживать крылья на ветру в заледеневших пальцах было очень трудно. Только страх заставлял меня держать их из последних сил. Я попытался развести их под таким углом, чтобы ветер ровно дул под плоскость крыльев, но ветер то и дело менял направление. Он то до слез резал снежной крошкой глаза, то вдруг набрасывался на руки, то забирался под куртку и до судорог леденил живот. Казалось, он просто хочет вырвать эти проклятые крылья и унести их прочь. Я буквально боролся с ветром, и в какие-то моменты мне казалось, что подо мной нет скалы, а лишь огромное злое ледяное небо. Так продолжалось очень долго. Я мечтал только об одном — добраться живым до дома. Неожиданно ветер стал стихать. Наступала ночь. И мне стало так страшно, что я не выдержал и разрыдался. Мне казалось, что настали мои последние минуты, и я рыдал от жалости к себе и ужаса перед смертью. Шаман продолжал выстукивать и высвистывать мотив, но протяжнее и глуше, совершенно не обращая на меня внимания. Наконец мотив оборвался, и по ушам буквально резанула тишина.

Видимо, сжалившись надо мной, шаман рывком поднял меня и, раздвинув губы, сунул мне что-то в рот. Я испуганно дернулся, но он уже отпустил меня. Во рту было что-то напоминающее мелкие обрезки тетрадной бумаги, но от соприкосновения со слюной они набухли, раскрошились и стали пресно-горчичными на вкус. Очень скоро сердце бешено забилось и закружилась голова. Ощущение было похожим на то, как однажды до этого солдаты, решив подшутить над нами, мальчишками, дали нам под видом сока выпить портвейна. Но тогда еще и тошнило, а сейчас я, словно со стороны, наблюдал, как «плавает» вокруг меня скала и снег. Я был так увлечен этим созерцанием, что не заметил, как мы начали слезать со скалы. Следующее воспоминание было уже о том, как мы стоим под скалой. Отец долго смотрит на меня. Потом он протянул мне совиные крылья:

— Возьми. Они твои. Однажды они принесут тебя ко мне.

Я засунул их за отворот свитера, чтобы не потерять.

Я плохо помню, как мы в темноте шагали к поселку. Мне казалось, мы почти бежим, перепрыгивая через глыбы прибрежного льда. Иногда мы падали, и я помню, что сильно смеялся. Почему-то меня смешил сопящий, выбирающийся из снега отец. Потом я опять увидел свой подъезд, и мне он показался каким-то колодцем. Домой я буквально ввалился. Мать была уже, что называется, «на взводе». На часах было почти одиннадцать... Я со страхом ждал, что сейчас на меня обрушится кара в виде хорошей порки офицерским ремнем, но вместо этого мать испуганно стала пробовать губами мой лоб. Ее губы мне показались просто ледяными...

Через десять минут я лежал в постели. Термометр под мышкой зашкалил за сорок.

Я плохо помню следующие дни. Меня куда-то перевозили. Помню больничную койку. Тусклый свет палатного ночника. Приступы жара, судороги, озноб. Врачи суетились. Двухстороннее воспаление легких — это даже по северным меркам серьезно. Очень часто повторялся один и тот же бред: я лечу над замерзшим закатным морем.

Вместо рук у меня крылья совы, которые вдруг начинают вырываться из плеч, и я воплю от ужаса потому, что мне нечем их удержать в суставах. Это чувство полета и ужаса сопровождало меня все пять недель больничного пребывания. Когда я вышел из больницы, в воздухе уже пахло весной.

Я не знаю, почему не рассказал матери о встрече с отцом. Наверное, я боялся наказания за «поиск приключений на свою задницу», как она обычно говорила.

Якутов к тому моменту след простыл. Они откочевали в южную тундру, в те места, где из-под талого снега показались ягелевые «ковры».

С тех пор я отца не видел. Он только снился мне часто. И еще осталось вот это... — Мганга расстегнул бушлат и распахнул его. С каждой стороны груди было подшито по длинному «конверту» из расшитой бисером замши. Верх каждого был зашнурован кожаным ремешком. Мганга аккуратно распустил ремень левого и осторожно достал из него что-то плоское бесформенное. При свете костра я разглядел, что это было крыло какой-то птицы.

— Ношу их с собой как амулет...

Я осторожно тронул крыло. Обычное крыло. Грязные, порядком обтрепанные перья...

На следующий день мы «чистили» частный сектор. Дома в этом квартале были старыми. Одноэтажные кирпичные постройки шестидесятых годов. С сараями и огородиками. В общем — деревня деревней. Несколько небольших улиц и переулков.

Жителей здесь почти не было. Квартал три недели был «нейтралкой», которую без жалости обстреливали обе стороны, и потому население почло за благо бросить все и укрыться до лучших времен подальше отсюда.

Два раза только встретили стариков. В одном доме жили чеченцы. Старуха, одетая во все черное, и прикованный к кровати тощий, давно не бритый старик, который, казалось, доживает последние часы.

Старуха черной тенью сидела в ногах старика и на вошедших солдат не обратила никакого внимания, что-то негромко бормоча не то себе самой, не то тяжело дышавшему в забытьи старику.

— Эй, может, помощь какая нужна? — окликнул старуху Зеленцов.

Но та лишь безразлично скользнула по нему взглядом и не ответила.

— Вот же, блин, народ! — буркнул раздосадованно взводный и вышел на улицу.

В другом дворе нас встретили двое пожилых русских. Невысокий, плотно сбитый мужчина лет шестидесяти и сухая как палка, рябая от веснушек женщина с жидкой прической давно не крашенных и потому наполовину седых волос.

— Освободители вы наши! — увидев входящих во двор солдат, вдруг сорвалась на пафосный пионерский фальцет женщина. — Слава богу, свои пришли! Теперь уж мир наступит. Будь проклят Дудаев!..

Она так же неожиданно умолкла, и лицо ее устало закаменело. В глазах проступила безнадежная тоска бессильного перед чужой злой силой маленького человека. Так прошло несколько секунд, и тут она, словно испугавшись своего молчания, вдруг схватила за руку подошедшего к ней Окинаву и вновь сорвалась на радостный фальцет:

— Слава богу! Наши пришли! Освободители!.. — Женщина из всех сил старалась изобразить радость, но от этих ее криков стало совсем тошно.

На «освободителей» мы никак не тянули...

Муж ее все это время хмуро и молча стоял рядом.

Когда подошел Зеленцов, он так же молча протянул ему красные книжечки паспортов. Взводный быстро просмотрел их и вернул мужику.

— Оружие, боеприпасы в доме есть? — спросил взводный по обязанности.

— Нету ничего, — ответил мужик.

— Освободители! Теперь мир будет! — опять завелась женщина.

— Хорошо. — По лицу взводного я понял, что ему от этих криков тоже не по себе. — Окинава, оставь им пару сухпаев и пошли дальше.

В углу двора я заметил свежий могильный холмик. Над ним самодельный, сколоченный из деревянных реек крест.

— Кто там?

Мужик скользнул глазами к кресту и тут же посмотрел на меня:

— Мать.

— Ваша или ее? — я кивнул на женщину.

— Моя, — коротко ответил он.

— Умерла? Убили?

— Убили... — безразлично выдохнул он.

— Чечены?

— Ваши! — в голосе мужика вдруг зазвенела затаенная злоба.

— Почему думаешь, что наши? — Я почувствовал, что сам закипаю. Мужик явно нарывался...

— Чечены самолетами город не бомбят, — холодно процедил мужик.

Я развернулся и молча вышел со двора...

Два взвода ушли вперед по улице, а наш взвод с ротным и его группой остановился в большом кирпичном доме в середине квартала. Здесь ротный приказал развернуть радиостанцию.

Все было тихо. Взводы уже прочистили все основные улицы и теперь шерстили прилегающие к ним проулки.

Только в одном дворе нашли отрытый окоп и небольшой блиндаж под фундаментом дома. Но было непонятно — то ли боевики готовились здесь обороняться, то ли жители выкопали себе убежище.

— Ничего мы здесь не найдем! — еще утром буркнул сердито взводный, вернувшись с постановки задач. — Дураки они, что ли, здесь сидеть?

С двух сторон частный сектор теснили многоэтажки микрорайонов. С любой из «хрущевок» весь квартал был как на ладони.

День клонился к вечеру.

Скоро должны были вернуться с зачистки взвода.

Ротный подошел к старому серванту.

За непонятно как уцелевшим стеклом, у стенки серванта стояла блеклая фотография.

Улыбающийся плотный чеченец в белом южном костюме, шляпе сеточкой. Рядом с ним чеченка без возраста с напряженным лицом в пестром восточном платье. Перед ними двое мальчишек лет семи-десяти. В шортах и белых рубашках. В углу фото проявителем была выведена надпись «Сочи-78».

— И где они теперь? — сам себя спросил ротный задумчиво.

— Да небось в какой-нибудь банде воюют или уже в яме гниют, — буркнул Зеленцов.

— Или в московском банке деньги отмывают... — сказал ротный.

И здесь стоявший недалеко от окна Мганга вдруг прыгнул к ротному, сбил его с ног, подмял под себя. Одновременно с этим где-то совсем рядом оглушительно грохнула очередь, и пули вдребезги расколотили стекло серванта, перед которым стоял Кальтенбруннер.

Тотчас за стенкой загрохотали автоматы первой группы. Оглушительно громыхнул выстрел гранатомета.

Лежа на полу, ротный как рыба хватал ртом воздух, наконец он одним движением столкнул с себя Мгангу и сел. Ему хватило одного взгляда на размочаленную пулями деревянную стенку серванта, чтобы все понять.

— Ты цел?! — выдохнул он Мганге, который ничком лежал на полу. Мганга медленно встал сначала на четвереньки, потом выпрямился.

— Да вроде...

— Благодарность тебе объявляю, Лукинов... — тихо сказал ротный. — За спасение командира. Спас ты меня, браток...

Ротный поднялся с пола. В окно было видно, как в соседний дом забегают бойцы второго взвода.

— Пошли посмотрим, кто там такой меткий? — уже спокойно, жестко бросил Кальтенбруннер.

В полуразбитом доме напротив наших окон, в центре разоренной взрывом комнаты, изломанный до неузнаваемости, лежал труп боевика, одетый в странную не то шубу, не то здоровую доху. Поражал его рост. В убитом было никак не меньше двух метров. Вместе с дохой он занимал почти все свободное пространство комнаты. Здесь уже был взводный второго взвода. Судя по вывернутым карманам, убитого уже обыскали.

— Гена, документы при нем были какие-нибудь? — спросил Кальтенбруннер «взводного два» прапорщика Солоненко.

— Никаких. Только это, — Солоненко протянул ротному не то четки, не то бусы, сделанные из нанизанных на шелковый шнур каких-то косточек, сучков, нитяных хвостиков и просверленных камней. — В руке держал.

— И что это за хрень?

— Да кто же его знает, — отозвался прапор. — Этого... — он зло пнул сапогом труп, — ...уже не спросишь.

— Твою дивизию! Как он сюда пролез?

Солоненко неопределенно пожал плечами:

— Прополз, наверное.

— «Пропоз, наверное!»... — саркастично передразнил прапорщика ротный. — У тебя так и Басаев с Масхадовым под носом проползут — не заметишь! Ты за эту сторону улицы отвечал — с тебя и спрос!

— Да мы все осмотрели, товарищ майор! — затянул жалобно Солоненко. — Я сам этот дом прошел. Ума не приложу, где эта гнида пряталась...

— Ладно! — обрезал стенания взводного Кальтенбруннер. — Оружие заберите. Лукинов, Самойлов — труп на улицу выволоките. Пусть чечены его сами закапывают. И пора на базу выдвигаться.

...Примериваясь, как удобнее его тащить, я все пытался понять, что меня в убитом чечене смущало. Что-то было не так...

И вдруг я сообразил. Он же черный!

Лицо и руки убитого были синюшно-черными, словно перед смертью его окунули в школьные чернила.

Но еще больше меня поразило поведение Мганги, который все это время стоял как вкопанный, не отводя взгляда от убитого. И даже команда ротного не вывела его из этого оцепенения. И лишь когда все ушли и мы остались вдвоем, Мганга наконец шевельнулся. Он подошел к телу и осторожно, словно боялся чего-то, заглянул ему в лицо. Потом присел на корточки рядом с ним и что-то тихо забормотал, не то напевая, не то рассказывая.

— Эй, Мганга, ты чего? — растерялся я.

Мганга поднял голову. В глазах его я увидел растерянность и страх.

— Ты чего, Мганга?

— Это посланец.

— Какой еще посланец?

— Посланец богов войны, — тихо сказал он. — Он приходил за ротным. А я ему помешал.

— И что теперь? — я совсем растерялся.

— Это очень плохо... — едва слышно пробормотал он.

В это время хлопнула входная дверь, и в комнату заглянул Окинава.

— Че возитесь? — буркнул он. — Вас все ждут. Давай помогу!

Вдвоем с ним мы подхватили труп за ноги и поволокли к двери. И я сразу обратил внимание, что под телом не было крови. Не было ее ни на одежде, ни на теле, словно в убитом крови не было вообще.

Мганга молча побрел за нами.

Боевик оказался неожиданно тяжелым. Словно волокли мы не тело, а набитый песком шестиведерный мешок.

— Вот же тяжел! — натужно выдохнул Окинава.

Наконец мы вытянули труп на улицу и, подтащив его под стену дома, отпустили.

— Надо прикрыть его чем-нибудь, — деловито сказал Окинава.

— Я принесу, — коротко ответил Мганга и направился к дому.

— Слышь, а чего он черный такой и крови совсем нет? — спросил я Окинаву, когда Мганга скрылся в доме.

— А чего ты хотел? Чтобы он у тебя после эрпэгэшного выстрела был бледный, как моль? Так не бывает. Термобарический эффект. Его давление убило. Все сосуды под кожей разорвало — вот он и черный. Один большой синяк. А крови нет потому, что внутри все размозжено. Кисель...

— Ясно... — От объяснения Окинавы мне почему-то сразу стало легче. — А то Мганга заморочился на нем.

— Че, опять духов увидел? — осклабился Окинава.

— Ну, типа того. Посланца...

— Какого еще посланца?

— Да хрен его разберешь. Кто-то за кем-то приходил...

— Во дает Мганга! Так и тронуться недолго...

Труп накрыли принесенным из дома старым одеялом и поспешили на улицу, где уже был слышен голос ротного.

— Зеленцов, выдвигайся с людьми к технике и передай Солоненко, чтобы тот дрова не забыл забрать, и мой бэтээр сюда отправь.

Мы вышли на улочку. У двора напротив, на скамеечке сидел ротный. Рядом, вдоль забора на корточках сидела его группа. К ним мы и направились. И тут я краем глаза уловил движение в кустах у забора слева от нас.

Огромный черный пес, появившийся бог весть откуда, коротко рыкнул, обнажив мощные желтоватые клыки, и без всякого видимого усилия, словно подброшенный невидимой пращой, кинулся на стоящего ближе всех к нему Мгангу. Черное тело взвилось в воздух, через долю мгновения клыки должны были захлопнуться на шее Мганги. И тут оглушительно грохнул выстрел. Удар пули был столь силен, что пса буквально перевернуло в воздухе и бросило на забор. Пуля попала псу в шею и, видимо, перебила позвоночник, потому что, упав на землю, он нелепо и страшно задергал лапами, словно пытался вскочить. Но голова безвольным шаром моталась из стороны в сторону. И здесь он завыл.

Я никогда в жизни не слышал такого жуткого воя! В нем было столько тоски и бессильной ненависти, что кожа на спине и руках буквально «обморозилась». Каждый волосок встал дыбом. Пес выл и бешено колотил лапами по воздуху, словно продолжал бежать. Сколько продолжалось это, я не знаю. Может быть, пару секунд, может, дольше — мне казалось, что воет он целую вечность, пока наконец второй выстрел не оборвал его вой навсегда.

Стрелял ротный. Как он успел среагировать — ума не приложу. Мне казалось, что все произошло мгновенно...

Ротный подошел к нам. Молча поставил автомат на предохранитель.

— Твою дивизию! А эта тварь откуда здесь взялась? Что-то много неожиданностей для одного дня...

Бледный Мганга медленно опустился на обломок стены.

— Это Келет бога войны... — выдохнул Мганга, и смуглое лицо его стало серым. Так, наверное, он бледнел. — Келет приходил за мной.

— Какой еще скелет? — буркнул ротный. — Этого скелета кормили лучше чем Моргунова. В нем весу, как во взрослом мужике! Интересно, что за порода? Морда как ротвейлера, а тело как у дога. Мутант...

Весь вечер Мганга молчал. На все вопросы он отвечал лишь междометиями. И в конце концов от него отстали. Нет настроения — и ладно. Пройдет...

Уже перед сном он вдруг повернулся ко мне и, протянув руку, что-то опустил в мою ладонь:

— Это тебе, Гоша.

Я посмотрел на ладонь. На ней лежала маленькая, как самая младшая матрешка, фигурка человека, вырезанная не то из кости, не то из моржового клыка.

— Что это?

— Это хранитель. Я передаю его тебе. Он будет тебя хранить и вернет домой.

Я растерялся.

— Зачем он мне? Это же твой хранитель.

— Он мне теперь не поможет. А тебе поможет, — глухо ответил Мганга.

— Почему тебе не поможет?

Мганга долго молчал. Потом, мотнув головой, словно смахнув оторопь, тихо сказал:

— Я скоро уйду.

— Куда ты уйдешь? — удивился я.

— Я должен идти вместе с ротным, — совсем тихо сказал Мганга.

— Да куда вы собрались? — я совсем смешался.

— Ты сам все видел. — Мганга говорил медленно, словно подыскивал слова. — Боги войны отправили своего посланца за ним. Я не дал ему выполнить приказ. И тогда они отправили за мной скелет, чтобы предупредить.

— О чем?

— О том, что я должен сопровождать ротного в дороге через ночь...

— Послушай, Мишка... — Я постарался вложить как можно больше убедительности в голос. — Все это не так. Это был обычный чечен. Черный, потому что его взрывной волной мочкануло, а собака просто от голода озверела. Ее же месяца полтора никто не кормил. Вот и стала бросаться на все живое. Не ерунди, Мишка! Мы еще по твоей тундре проедемся на оленях. Батю твоего найдем. Строганины поедим.

Не надо искать смысл там, где его нет.

Мганга опять долго молчал. Потом, словно и не услышав моего объяснения, сказал:

— И если когда-нибудь ты окажешься в Тикси или вообще в тундре, то отпусти его. Просто найди большой камень, положи на него защитника и скажи, что он свободен.

— Мишка, ты что, совсем меня не слушаешь? — Я попытался добавить сердитости в голос. Но получилось скорее жалобно.

— Сделаешь, как я прошу?

Поняв, что спорить с Мишкой бессмысленно, я молча кивнул.

— Храни его в этом, — Мганга протянул мне небольшой кожаный мешочек, на кожаном шнуре, который обычно висел у него на груди.

— Хорошо! — Я взял мешочек, осторожно опустил в него фигурку и, затянув тесемки по краям, осторожно надел его на шею. Мешочек скользнул на грудь, к нательному кресту. — Обещаю.

Мганга как-то облегченно вздохнул.

— И еще... — Он на мгновение замялся. — Его надо иногда кормить. Редко. Когда вспомнишь. Просто макнуть палец в еду и помазать ему губы. Иначе он рассердиться может. Вредничать будет. Ноги заплетать, толкать...

— Сделаю, как скажешь, не волнуйся. Сам недоем, а его голодным не оставлю. — Происходящее неожиданно начало меня смешить.

Видимо, почувствовав это, Мганга опустился на лежак и накрылся бушлатом.

— Все, Гоша. Спим.

— Спим, Мганга...

Наутро началась операция по штурму оставшихся в руках боевиков кварталов.

Мы накапливались для атаки в небольшом дворике за школой. В одном его углу, у глухой стены школы сидел наш взвод, ожидая конца артналета и команды «Вперед!». Метрах в пятидесяти у стены дома, за двумя бэтээрами, перед каменным забором, за которым была улица, через которую нам предстояло перескочить, расположился ротный со своей группой. Второй и третий взводы накапливались с другой стороны школы, и ротный отдавал им какие-то приказания по рации, стоявшей перед ним на ящике из-под патронов.

То и дело где-то над головой с шелестом ввинчивались в воздух снаряды. Били по ушам близкие разрывы. Земля под ногами уже привычно ходила ходуном. Откуда-то сверху сыпалась штукатурка. Артиллерия боеприпасов не жалела. Наконец все утихло.

— Подъем! — скомандовал Зеленцов. — Разбились по группам! Перебегаем по моей команде. Интервал между группами тридцать секунд. Одна группа перебегает. Две других у забора в готовности прикрыть огнем. Всем подготовить дымы. При обстреле с той стороны сразу ставьте дым, а группе оттягиваться назад.

Потом — перебегает вторая. Первая прикрывает ее с той стороны, третья с этой. Все ясно?

— Так точно! — нестройно отозвались мы.

— Пошли!

Моя группа, точнее, отделение — третье по счету. Я был самым крайним в рассредоточившейся вдоль забора для стрельбы нашей группе. Ближе всех к группе ротного.

Я еще успел кинуть начатую пачку «Космоса» Селезню — Селезневу, который окликнул меня негромким свистом и просительно, «по-сигаретному», поднес пальцы к губам. Селезень сидел со своим пулеметом перед проломом в заборе метрах в пяти от меня, на ржавом ведре.

Сигареты упали в мокрый снег рядом с его правой ногой, и он торопливо наклонился за ними, чтобы не дать им намокнуть. Поднял, сдул снег и нахально сунул в карман «разгрузки». Я скорчил злобное лицо — отдавать всю пачку никак не входило в мои планы, — но Селезень сделал вид, что ничего не замечает...

— Пачку назад гони! — прошипел я, но Селезень все так же деловито пялился куда-то в пролом.

А потом мир вдруг ослепительно вспыхнул, вздыбился и швырнул меня куда-то в небо. Последнее, что я видел, теряя сознание, это копошащиеся подо мной огненные черви. И уже упав в спасительную тьму беспамятства, я вдруг понял, что это были люди...

Я очнулся от того, что кто-то с силой колотил меня по щекам.

— Открой глаза! Слышишь меня? Открой глаза! — донеслось откуда-то издалека. И я потянулся на этот голос, пополз за ним.

— Гоша, приди в себя! Ты меня слышишь?

Как сквозь сон, я почувствовал жгущий ожог щеки, за ним еще один.

«Почему меня бьют?! — сквозанула обида. Мне же больно! Какого хрена?!»

И тут вдруг ко мне вернулось мое тело, я почувствовал тяжесть своих закрытых век, какой-то острый угол, больно упершийся в спину. И эта боль наконец окончательно привела меня в себя.

«Я же лежу! Я ранен?» — мгновенно полыхнул испуг, и я открыл глаза.

Надо мной склонилось какое-то, перепачканное кровью, всклокоченное чудовище, с заплывшими, как после хорошей драки, налитыми кровью глазами.

— Гоша! Живой? — услышал я знакомый голос и тут же сообразил, что чудовище не кто иной, как Акинькин. Удивление было столь велико, что вместо ответа я прохрипел:

— Степка, что с тобой?

В глазах Акинькина на мгновение мелькнула растерянность, но ее тут же сменила радость.

— Живой! Слава богу!

Я попытался сесть, но тело не слушалось.

— Помоги мне сесть!

— Не двигайся! — прижал меня опять к земле Степка. — Может быть, у тебя перелом. Знаешь, как ты летел...

«Перелом?» — Я пошевелил ногами, сжал кулаки, осторожно повернул голову. Каждое движение отзывалось болью, но боль эта была знакомой, неопасной. Я знал ее. Так болели в детстве ушибы, когда я на полной скорости поймал камень под колесо велосипеда и перелетел через руль.

— Все нормально, Степка. Все на месте. Все вроде цело. Помоги сесть...

Окинава тревожно посмотрел на меня, но удерживать не стал. Подхватил под мышки и, протащив по земле пару шагов, осторожно привалил меня спиной к стене. А сам, тяжело ухая сапогами, побежал куда-то в сторону.

Прямо перед глазами метрах в пяти я увидел перевернутую вверх колесами минометную тележку. Под ней какой-то бесформенный грязный куль. Снег под ним быстро чернел.

«Труп! — обожгла меня догадка. — Господи, неужели наш? Две недели без потерь жили...»

За перевернутой тележкой в узком квадрате между углом дома и «броником» суетились солдаты. Несколько человек кусками брезента сбивали танцующее на земле ало-желтое пламя, выбрасывающее в небо густые черные клубы дыма. Еще двое тащили по земле за руки чье-то обвисшее тело.

Среди спин и касок я разглядел взводного. Перепачканный копотью, с лицом, залитым кровью, без шапки, он орал кому-то в микрофон рации:

— Срочно санитарку сюда! У нас уже четыре «двухсотых» и как минимум пять «трехсотых». Все очень тяжелые. Срочно, блядь! — Неожиданно он бросил гарнитуру и повернулся к вытянувшемуся перед ним солдату: — Зайцев, хули ты встал? — буквально взревел он. — Ты, бля, санитар или кто?! Ранеными занимайся, мудила! Промедол коли! Бинтуй. Искусственное дыхание делай. Чему тебя учили?! Людей спасай!

Солдат словно очнулся и бросился за бэтээр.

— Окинава, ротного нашли? — крикнул куда-то в сторону огня Зеленцов.

— Ищем. Сейчас огонь собьем... — донесся до меня голос Акинькина. — И доберемся до остальных.

— Быстрее, вашу мать! Что вы копаетесь? — Взводный вскочил и сам бросился к огню, на ходу схватив с земли какой-то обрезок железа, и, подскочив к огню, стал им, как лопатой, забрасывать огонь снегом...

Наконец пламя начало опадать, исходить белесым остывающим дымом и скоро совсем источилось. Почти сразу на пожарище бросились люди. Кого-то подхватили с земли, потащили за бэтээр. Было видно, что одежда на нем густо дымится.

— Оружие собирайте! — услышал я голос Зеленцова. — Да не хватай руками, идиот! Обожжешься. Только оружие! Боеприпасы не трогайте. Ротного нашли? Ищите ротного! Все здесь перероите...

Неожиданно все заглушил близкий рев движка, и, отрезая меня от увиденного, во двор на полном ходу влетела батальонная санитарная «эмтэлбэшка» с полустертым красным крестом на борту. Разбрасывая снежную грязь, она резко развернулась кормой к пожарищу и, упруго качнувшись на гусеницах, застыла, не выключая двигатель. Кормовые двери распахнулись, и к ним сразу из-за бэтээра потащили носилки, потом еще одни, и еще...

Убитых затаскивали на броню. Закрепляли проволокой за башней. Одно тело курилось едким серым дымом, и казалось, что дымится сама «эмтэлбэшка». Из-под другого, по скату брони побежала вниз тонкая извилистая струйка крови. Она обогнула защитный кожух и частой капелью закапала на стертые до «хромированного» блеска, перепачканные жирным мокрым черноземом зубья гусеницы.

Ко мне подбежал Степка:

— Гоша, давай помогу подняться. Сейчас тебя эвакуируют в госпиталь. — Он наклонился и осторожно подхватил меня под мышки.

— Да не надо меня никуда эвакуировать! — Я попытался освободиться из его рук. — В норме я. Не надо никакой госпиталь!

— Брось, Гошка. Не дури! Врач должен осмотреть. — Окинава поставил меня на ноги и, набросив мою руку себе на шею, почти потащил меня к МТЛБ.

Меня усадили последним, у входного люка, и за мной тут же захлопнули тяжелые створки. Навалилась темнота. Взревел дизель, и машина, резко дернувшись, тронулась. Глаза постепенно стали привыкать к темноте. Густо пахло палеными тряпками, горелым мясом и свежей кровью. В глубине десантного отделения кто-то протяжно и тяжело мычал в бреду. На повороте что-то прижало мою ногу. Я на ощупь попытался освободиться, но пальцы неожиданно наткнулись на что-то скользкое и горячее. Я отдернул руку.

Машину сильно качало на поворотах, и меня то и дело больно кидало спиной на стенку.

— Не дрова везешь! — крикнул я, пытаясь перекричать рев дизеля, но вместо ответа на очередном повороте машина вновь резко тормознула, и я со всего размаха больно впечатался плечом в стальной уголок.

Наконец мы доехали. МТЛБ остановилась. Двигатель умолк. Двери распахнулись, ослепив дневным светом. Меня осторожно подхватили под руки и вытащили на улицу. Уложили на носилки. Понесли. У какой-то стены поставили на землю, и надо мной тут же склонился бородатый полковой врач:

— Что болит, боец? Куда попали? Рассказывай. — Его руки быстро и привычно ощупывали меня.

— Сейчас уже ничего. — Я попытался сесть. Но доктор прижал меня к носилкам:

— Лежи!

— Меня взрывом кинуло. Я не хотел эвакуироваться. Меня заставили...

— Понятно. Кровь нигде не идет?

— Нет.

— Все равно пока лежи. Могут быть повреждены внутренние органы. Потом тобой займусь...

И, выпрямившись, он шагнул к соседним носилкам, на которых мычал в бреду кто-то обгоревший до неузнаваемости.

Рядом со мной на соседние носилки положили огромный, перепачканный кровью и грязью куль. Ни головы, ни ног, ни рук у него не было. Среди обрывков одежды я неожиданно увидел знакомый синий уголок моей пачки «Космоса». «Селезнев!» — обожгла меня догадка.

Носилки тотчас подхватили чьи-то руки и унесли...

Неожиданно густо сыпанул крупный снег. Снежинки противно и мокро шлепали по лицу, и я, кривясь от боли, осторожно сел.

— Катькин, два промедола, быстро! — Доктор, склонившийся над обгоревшим, поднял над собой растопыренную правую руку, и стоявший рядом с ним солдат быстро положил в нее два прозрачных шприц-тюбика.

Обожженный уже не стонал, а только тихо и тяжело хрипел.

Медпункт располагался во дворе частного дома. Сам дом превратился в уродливую пирамиду из битого кирпича, но добротный каменный забор опоясывал руины по широкому периметру. В центре забора зиял пролом, в который утягивалась гусеничная колея. На ее краю, в центре размолоченного гусеницами круга, застыла «эмтээлбэшка», на которой нас привезли.

Посреди двора горбатились две блекло-зеленые прорезиненные палатки с красными крестами на крыше.

В углу двора, у забора, стояло трое носилок с полузанесенными снегом телами.

Убитые...

Туда же два солдата, видимо санитары, поставили носилки с Селезневым. Один из них наклонился над телом и что-то вытащил из кармана. Вновь мелькнул знакомый синий цвет. Сигареты!

«Вот сука! — Я почувствовал, как в душе знакомо вспыхнула ненависть. Мысль о том, что после смерти чьи-то жадные руки будут выворачивать мне карманы, тяжелыми молотками заколотилась в висках. — Мы дохнем, а вы тут у нас по карманам шарите!..»

Доктор устало выпрямился. Поднял с земли обрывок бушлата и закрыл им лицо обгоревшего солдата.

— Возняк! — негромко крикнул он.

На его зов повернулся тот самый, вытащивший сигареты, санитар:

— Я, товарищ майор!

— Его... — доктор кивнул на носилки. — Туда же. И оформляйте.

— Есть! — отозвался санитар.

Обо мне словно забыли.

Пока доктор занимался другими ранеными, я встал с носилок и медленно доковылял до навеса, под которым раньше, видимо, хранилось сено. Сел на старое тракторное колесо. Было одиноко и грустно.

Неожиданно где-то неподалеку захлопал лопастями вертолет. Через несколько секунд его толстая каплеобразная туша проскочила всего в паре десятков метров над нами, и по звуку двигателя стало слышно, что он садится.

Сразу засуетились санитары.

Из палатки вывели легкораненых. Подхватили носилки с тяжелыми. Последними с земли подняли убитых.

Мне вдруг стало тоскливо до одури. Госпитальная койка, врачи, уколы — с детства не могу терпеть все, что связано с больницами. От одного их запаха с души воротит. Я же не ранен!

Я на мгновение представил, как моей матери позвонят и скажут, что сын в госпитале. Да она на месте умрет! Нет уж, обойдусь...

И, чтобы не попасться на глаза доктору, я как мог быстро доковылял до МТЛБ, спрятался за ней.

Наконец «вертушка» улетела.

Стали слышны голоса.

— Товарищ майор! Там вторая рота эвакуатор опять запросила, — услышал я голос одного из санитаров. — Они там еще кого-то из своих нашли.

Вторая рота — моя рота!

Я обрадовался. Оставалось только спрятаться в МТЛБ и добраться до своих. А там уж что-нибудь наплету...

— Возняк, забрось носилки в машину, и пусть Егоров едет, — услышал я голос доктора.

«Ну, сука, сейчас ты у меня попляшешь!» — мстительно подумал я.

Я затаился за машиной, дожидаясь, пока санитар забросит в ее утробу двое принесенных носилок. И когда уже он взялся за ручку двери, чтобы захлопнуть люк, я вышел из-за корпуса, резко рванул его на себя, потащил за машину, прижал к броне.

От растерянности тот чуть не упал и болтался в моих руках, как здоровая кукла. Вблизи он оказался выше меня на голову. «Если очухается, то сразу подомнет!» — мелькнула мысль, и, чтобы не дать ему прийти в себя, я выхватил из кармана «разгрузки» «эргэдэшку» и ткнул ею прямо ему в зубы, раскровенив нижнюю губу.

— Знаешь, что это?

— Ты че? — санитар бессмысленно и растерянно уставился на меня. — Ты че? С ума сошел? — Из рассеченной губы на подбородок зазмеилась тонкая нитка крови.

— Это граната «эргэдэ» пять. Хочешь, чтобы она у тебя в штанах рванула?

— Че тебе надо? — В глазах санитара полыхнул ужас.

— Хочешь гранату в штаны?! — еще раз процедил я сквозь зубы.

— Нет! — пробормотал санитар.

— Сигареты гони, сука! — прошипел я.

— Какие сигареты? — растерянно залепетал санитар. — Ты че, брателло? Успокойся...

— А те, которые ты у пацана убитого вытащил. «Космос». Не ты их ему давал. Не тебе их забирать!

— Да ты ебанулся! — Санитар торопливо сунул руку в карман бушлата и вытащил мятую пачку. — На, забирай!

Я сунул пачку за пазуху и оттолкнул санитара от себя.

— И не попадайся мне на глаза, гнида!

Вместо ответа санитар юркнул куда-то в сторону.

— Товарищ майор! — услышал я его жалобный голос. — Там один псих...

Но дожидаться развязки я не стал. «Эмтээлбэшка» уже пыхнула сизым соляровым дымом и завелась. Я быстро юркнул в десантное отделение и захлопнул за собой люк.

В роте меня встретили как выходца с того света.

Окинава удивленно вызверился на меня, когда я вылез на свет из утробы МТЛБ.

— Гоша, ты? А ты чего не в госпитале?

— Места не хватило! — хмыкнул я. — Там только по предварительной записи...

— Самойлов, хватит фигню нести. Почему не эвакуировался? — Из-за распахнутой двери люка вышел взводный. Он уже был в черной вязаной шапке, из-под которой белел край бинта. В голосе его зазвучали знакомые стальные ноты.

— Да меня доктор осмотрел. Сказал, что все в норме, — с ходу соврал я. — Эвакуироваться не обязательно. Можно и амбулаторно. Таблетки принимать сказал. Вот и вернулся...

Мрачное лицо взводного неожиданно потеплело. Он долго смотрел на меня, словно разглядев во мне что-то новое.

— Ладно. Найди свое оружие. Тебе Окинава покажет, где все сложили, и отдыхай. Выспись хорошенько...

В пустое десантное отделение загрузили носилки с укутанным в брезент чьим-то телом, и «эмтээлбэшка» укатила в густеющие гнилой мокрой серостью сумерки.

Мы с Окинавой спустились в подвал, где расположился на ночевку наш взвод. Он подвел меня к углу, где под брезентом громоздилось какое-то железо. Стащил брезент. Под ним оказалось две кучи оружия. Бесформенной грудой лежало изломанное оружие. Обгоревшие, изогнутые стволы, разбитые приклады, раздавленные чудовищным давлением коробки. Разодранные магазины.

С другой стороны ровной кучей лежало уцелевшее оружие. Почти сразу в глаза бросилась знакомая «эсвэдэшка» Мганги.

Я сглотнул комок.

— Расскажи, что случилось?

— А ты ничего не помнишь? — спросил Окинава.

— Ничего. Помню только, что летел, как футбольный мяч.

Окинава достал из кармана пачку «Примы», выбил из нее пару сигарет. Одну протянул мне, другую раскурил сам. Выдохнул дым.

— По нам из миномета «чечи» врезали. Попали как раз туда, где Кальтенбруннер со своими накапливались. А у химика на спине два «Шмеля» были. Вроде прямо в них мина и попала. Они тут же сдетонировали. Полный писец!

Под сердцем что-то заныло.

— Ну и кто погиб?

— Селезень, Кузнец, Кострома — сразу. От химика вообще только голову нашли и полноги. Их всех с тобой отправили.

Лома только сейчас нашли. Его взрывом на другую сторону улицы выкинуло. Вовку Жданова очень тяжелым отправили. Обгорел весь. Не знаю, доедет ли до госпиталя...

— Не доедет, — сказал я негромко.

— Жаль... — Лицо Окинавы свело, как судорогой. Он судорожно затянулся сигаретой. Закашлялся. Опустил голову.

Окинава со Ждановым корешились. Оба с Подмосковья...

— Ладно, Окинава, давай держись, — я тронул его за плечо. — Ничего не попишешь. Так ему на роду было написано.

— Я в норме! — негромко откликнулся Акинькин. Вновь жадно затянулся. Помолчал. Потом глубоко вздохнул и тихо сказал: — Может, так оно и лучше для Вовки. Он же как уголь был. Пальцы на руках до костей сгорели. Костяшки торчали, как птичьи лапы. Это не жизнь...

— А раненых сколько?

— Без тебя пятеро. Ростовцеву руку оторвало, Даньку и Генку осколками посекло. Малина обгорел, и Татарину башку пробило.

— Мгангу забыл, — кивнул я на лежавшую у ног «СВД».

— Не забыл, — ответил Окинава. — Не нашли его. Ни Мгангу, ни ротного. Все обыскали. Не нашли. Все крыши вокруг облазили, все квартиры. Как испарились. Ни клочка одежды, ни куска.

Два часа искали.

Завтра утром опять пойдем искать. Зеленцов приказал все перевернуть, но найти...

С рассветом мы уже были на месте разрыва. Взводный выстроил два отделения цепью, и мы шаг за шагом обыскивали школьный двор. Третье отделение обыскивало крыши и соседние дворы.

Как быстро земля впитывает кровь. Я только теперь это заметил. Еще вчера здесь были лужи крови и обрывки тел, а сегодня лишь припорошенная снегом земля. У стены, где мы вчера складывали своих убитых, здоровенный штабель ящиков с боеприпасами. За ним несколько солдат. Пехота. Один на обрывках картона и каких-то щепках разогревает банку тушенки, другой в паре шагов от него сидит на корточках срет. Остальные сидят прямо на мокрой земле, привалившись к стене. На лицах — тупое безразличие измученных, загнанных лошадей. Им все равно. Даже инстинкт самосохранения притупился и угас. Чистые зомби!

Дней пять назад соседнюю улицу перерезал снайпер. Чеченец как-то пробрался за охранение и засел на чердаке пятиэтажки в начале улицы. Первой пулей он снес полчерепа сидевшему у стены лейтенанту из полковой финчасти. Второй пулей сначала разворотил скулу выбежавшему на звук выстрела солдату, а потом добил его пулей в голову.

Когда мы пришли выкуривать чечена, убитых уже вытащили крюками, сделанными из проволоки. Мы начали готовиться к штурму пятиэтажки и запросили для поддержки танк. В ожидании его взводный дразнил снайпера, периодически показывая из-за угла край ушанки убитого солдата, надетой на кусок проволоки, которым вытаскивали убитых. Чеченец каждый раз клевал на обманку и стрелял, выбивая то каменную крошку с торца дома, то очередной раз дырявя шапку.

— Неопытный, — довольно осклабился Зенцов. — Дурак! Молодой, видно. Азартный. Вместо того чтобы ноги в руки и уматывать — в «ворошиловского стрелка» с нами играет. Ну-ну. Сейчас танк подтянется — поиграем...

И здесь вдруг из глубины двора, от беспорядочно сваленных в кучу ящиков с боеприпасами к улице меланхоличной походкой направился «зомби» из пехоты. В руках он тащил цинк с патронами. Мы не сразу сообразили, куда он идет, а когда поняли, то успели лишь крикнуть: «Стой! Стой, дурак! Там снайпер!» Но он лишь тупо и бессмысленно взглянул на нас и вышел на улицу. Через мгновение бичем щелкнул выстрел, и солдат рухнул на ящик — пуля прошила голову насквозь, сбив шапку с его головы. А к улице все той же походкой «зомби» уже подходил второй солдат с точно таким же цинком в грязных, помороженных руках. До смерти ему осталось не больше трех шагов, когда Вовка буквально в прыжке сбил его с ног и придавил к земле, в паре метров от мертвой изуродованной головы его напарника, из которой слабыми толчками все еще вытекала на асфальт черная кровь.

Вовка перекатился через лежащего под ним солдата и рывком выдернул того на себя, вытаскивая из зоны обстрела. Точно через секунду пуля вздыбила асфальт в полуметре от разбросанных в стороны ног солдата.

— Ты что, идиот?! — рявкнул, задыхаясь, Вовка.

Но солдат лишь неуклюже и бессмысленно копошился в его руках, пытаясь освободиться. В бронежилете, «разгрузнике», ватнике и сапогах он вдруг напомнил мне размахивающего клешнями краба, которого перевернула неожиданная волна. И память на мгновение осветила неистовое белое солнце того лета. Синь неба. Песок. Почти черные от загара тела пацанов нашего отряда. Один раз в своей жизни я был на море. В девяносто первом матери от завода путевку дали. А уже через год ни завода не осталось, ни лагеря. Завод закрылся, а лагерь достался независимой Украине...

Вовка устал бороться с солдатом и без размаха, коротко ударил того в челюсть. Солдат ойкнул, как-то сразу обмяк и вдруг заплакал по-детски, в голос:

— Не бей! Нас лейтенант послал. Приказал патроны в третью роту нести. Не бей, дяденька!..

Мы ничего не нашли.

Ни тряпки, ни куска тела. Ничего. Мы обшарили все вокруг, даже перетащили в сторону ящики с боеприпасами. Но и под ними ничего не было.

После любого, самого мощного взрыва остаются ошметки тела, осколки костей, клочья волос, обрывки тряпок.

Но они словно испарились. Исчезли.

Люди не исчезают так бесследно.

Мы уже уходили, когда я заметил под ногами какой-то серый обрывок картона. Я механически нагнулся и поднял его. В руках был оборванный край птичьего крыла. Но Мганги или нет — я не знал.

— Что там? — окликнул меня Зеленцов. — Нашел что-нибудь?

— Нет! — отозвался я. — Ничего. Просто обрывок птичьего крыла...

В эту ночь мне приснился странный сон.

Заснеженная сумрачная равнина без конца и без края, без горизонта и неба. Белый шар, в котором куда-то шагали два человека. Я не видел их лиц. Только спины, но я знал, что один из них наш ротный, а другой Мганга. И что идти им через эту бесконечность целую вечность...

ДОРОГА ДОМОЙ

Николай никогда не пил коньяк. И потому, когда Михаил протянул ему почти полный пластиковый стаканчик с пахучей жидкостью цвета чая, он одним глотком опрокинул ее в себя.

— Во дает! — усмехнулся Борис.

— Наша, армейская закалка! — довольно хмыкнул Михаил.

«Не пей! Не пей!..» — где-то внизу простучали на стыках рельс колеса. Но было поздно. Коньяк обжег глотку и горячим комком провалился в желудок.

— У меня прапорщик был, начпрод, — продолжил Михаил. — Любитель выпить. Так вот мы с ним коньяк всегда стаканами пропускали. Так что парень наш. Видно, что не зря два года Родине отдал. Закалку получил — что надо!

Николай хотел было возразить, сказать, что у них ТАМ вообще был сухой закон, но Борис в это время легонько хлопнул себя по лбу:

— Кстати! Анекдот, мужики! Аллочка, — он

повернулся к четвертому пассажиру купе, — думаю, не будешь против?

— Давай! — согласилась она. — Только без похабщины.

— Как можно? — осклабился Борис. — Так вот, встречаются на том свете две души...

Николай считал, что ему повезло с попутчиками. Более всего он не хотел оказаться по соседству с какими-нибудь стариками и слушать потом всю дорогу словоизлияния прописных истин. Но, когда в купе ввалилась звенящая металлом креплений, шуршащая болоньей костюмов компания, настроение сразу поднялось. Все получалось как нельзя лучше. Худощавый и, судя по всему, старший в этой компании Борис, похожий немного на ворона смоляной чернотой волос и крупным «римским» носом, недоверчиво, как-то по-птичьи быстро взглянул на Николая и молча сел в угол к окну. Зато второй — добродушный, с коротким сивым «ежиком» на голове толстяк, на котором синий лыжный комбинезон сидел в такую тугую обтяжку, что, казалось, вот-вот лопнет, увидев Николая, сразу протянул ему руку.

— Михаил, — представился он. — Гвардии ефрейтор запаса. Здорово, служивый! Никак на дембель едешь?..

Девушка, сняв лыжную шапочку, рассыпала по плечам густую копну почти каштановых волос и стала очень похожа на актрису Терехову из «Трех мушкетеров».

— А меня зовут Алла, — приветливо улыбнулась она.

Через час Николаю уже казалось, что он их знает давным-давно.

— ...И когда я любовника жены нигде не нашел, меня хватил инфаркт и я умер.

— Дурак, — говорит вторая душа. — Посмотрел бы в холодильник — вдвоем жили бы! — закончил жутким шепотом Борис. Все засмеялись.

На голову Николаю словно упала пуховая подушка. Стало тепло, зазвенело в ушах, и предметы вокруг стали плыть, терять контуры. Он коснулся рукой лица и с удивлением обнаружил, что кожа словно омертвела, потеряла чувствительность. Это ощущение было необычным, но приятным.

— А за что медаль-то получил, Коля? — наклонившись к груди, спросил Михаил, приподняв пухлыми пальцами серебристый кружок медали.

Развязность толстяка не понравилась Николаю, но он сдержался, решив про себя, что отношение «на гражданке» к наградам, наверное, не такое, как в армии. И, подождав, пока Михаил рассмотрит медаль, пробормотал:

— Да так... В общем, было одно дело. Вот моего друга орденом Мужества наградили. Вот там ребятам действительно досталось... Обгорел он тогда. Крепко обгорел. В госпитале до сих пор лежит. Сейчас вот сначала к нему заеду, а потом уже домой. Обжегся он крепко...

— Ну, и сколько ему за орден полагается? — спросил Борис.

— Чего? — не понял Николай.

— «Маней». В Штатах, там за ордена платят. И у англичан, говорят, целая пенсия. А у нас сколько?

— Нисколько, — растерянно ответил Николай.

— Да... Вот так за здорово живешь парень и погорел... — задумчиво протянул Борис.

В купе повисла тишина.

— Что вы, ребята, все о грустном? Война, госпиталя... — вздохнула Алла. — Неинтересно. Мы, в конце концов, отдыхать едем. Давайте о чем-нибудь другом. Вот тебя, Коля, наверное, дома девушка ждет, правда? — улыбнулась она.

— Нет... — смутился Николай. И, не выдержав взгляда ее зеленых глаз, опустил голову, вздохнул. — Не ждет меня никто. Не дождалась...

Тут он рассердился на самого себя. На то, что воспоминание о Юльке вдруг смутило его, обожгло уже, кажется, упокоившейся болью. И подняв глаза, улыбнулся Алле:

— Ничего, если к другому уходит невеста, еще неизвестно, кому повезло. Так, кажется, в песне поется?..

И вновь споткнулся о зелень ее глаз.

— Бабы, они такие! — поддакнул Михаил. —

Одна меня тоже из армии не дождалась. Но зато уже после службы целый взвод баб ждал моего решения. Только дудки! Я уже опытный был. Всем им объяснил, что тигры в неволе не размножаются...

— Ну, это ты брось! — оборвал его Борис. — Бабы. Много ты в женщинах понимаешь, если у тебя бабы... В этой серой жизни если и осталось единственное светлое пятно — так это любовь женщины. — Он сделал ударение на последнем слове. И неожиданно повернулся к Николаю: — Правда, Коля?

— Да это... — растерялся Николай. — Наверное...

— Э, братец! Ты совсем в Чечне от нормальной жизни отвык, — усмехнулся Борис. — Алла, поухаживай за нашим героем. Удели ему малую толику своего женского обаяния. А то так до дому не отойдет. Уж за два года службы улыбку симпатичной женщины он, наверное, заслужил?

— Я думаю, что он заслужил не только улыбку... — с легким вызовом ответила она. — В отличие от некоторых штатских.

— Пас! Пас! — усмехнулся Борис. — Чего не было в моей биографии — того не было. Не состоял. Не участвовал. Каюсь — банально отмазался от армии медицинской справкой и тремя тысячами «у.е.» знакомому доктору, который эту справку мне выписал. Ну не для меня эта «школа жизни».

Николай чувствовал, что стремительно пьянеет. Веки отяжелели. Теплые медленные мысли в голове сгустились, как дрожжевая квашня, и наползали одна на другую. Николай вдруг захотел сказать ребятам, как ему с ними хорошо и как здорово, что они познакомились. Но смог только улыбнуться.

Все закончилось! Где-то там далеко остались горы, жара, усталость, вечный пот. Он дома, в России, и вокруг свои ребята.

«...улыбку симпатичной женщины, — неожиданно вспомнил он слова Бориса. Почему симпатичной?!»

— Алла, вы красивая! — как издалека он услышал свой голос. Алла внимательно и, как ему показалось, с каким-то интересом посмотрела на него...

— Вот за это и надо поднять бокалы! — пробасил над ухом Борис. — Ну, что, Мишель, съел? Два один в пользу женской красоты.

Опять утробно забулькала фляга.

«Не пей, не пей!» — вновь звонко простучали внизу колеса. Но Николай опять их не послушался.

— Послушай, Коля... — после недолгой паузы вдруг спросила Алла. — А ты убивал... их?

Зеленые омуты смотрели прямо в душу...

«Чича» он увидел неожиданно. Правильнее сказать, сначала он заметил синие кроссовки «Адидас», выглядывавшие из-за куста метрах в десяти ниже по склону. Через мгновение он увидел и их обладателя — боевика в камуфляже американской расцветки, лежащего к нему спиной за каменным зубом. Николай мгновенно вскинул к плечу автомат и замер, готовый в любой момент выстрелить, но обладатель кроссовок явно его не заметил. Он в бинокль рассматривал дорогу, широкой черной лентой змеившуюся метрах в ста внизу.

У правой руки чечена лежал автомат, а прямо перед самым лицом, на куске брезента стоял какой-то обмотанный синей изолентой брусок.

«Подрывная машинка! — обожгла догадка, и Николай тут же сообразил, кто перед ним. — Подрывник»!

Только вчера, в паре километров отсюда, на фугасе подорвался бронетранспортер внутренних войск, погибли два солдата, а неделю назад на этой же дороге был взорван микроавтобус местной школы. В нем погибли трое школьников и еще пятеро получили ранения. Тогда чеченцы устроили целый митинг перед местной комендатурой. Провокаторы кричали из толпы, что это русский спецназ специально ставит мины, на которых гибнут чеченские дети. Едва не дошло до перестрелки.

Тогда же агентура донесла, что в этом районе

работает подрывник из отряда Гелаева, который месяц назад прорвался в этот район из Грузии. Отряд его две недели гоняли по горам. Больше половины боевиков было уничтожено и попало в плен. Саму банду ханкалинские начальники объявили по телевизору «полностью разгромленной», но это было далеко не так. Оставшиеся гелаевцы растворились в этих лесах, спрятались, затаились и теперь стали головной болью для местных гарнизонов. В поисках остатков банды и тралила горы группа спецназа Николая...

Это был тот самый подрывник.

Николай с каким-то мстительным интересом рассматривал лежащего на мушке врага. Вот «чич» полуобернулся, разглядывая что-то в стороне. Крепкая шея, выразительный мужественный профиль — чечены красивые мужики.

Подобраться к боевику не было никакой возможности. Между ним и Николаем лежала небольшая каменная осыпь, и любой шаг по ней сразу бы вызвал целый поток щебенки. Кроме того, подрывник мог быть не один, и где-то рядом могли быть другие боевики, прикрывавшие его или сидевшие в засаде. Доложить командиру, который двигался вместе с группой в густом кустарнике метрах в тридцати за спиной, он тоже не мог. За это время на дороге могла появиться наша колонна.

И Николай просто держал боевика на прицеле, ожидая, пока к нему подойдет основная группа.

Так прошло несколько секунд. Неожиданно снизу, с дороги послышался шум моторов, и из-за поворота на дорогу стали один за другим выползать грузовики. Подрывник тотчас схватил в руки подрывную машинку и замер. Надо было действовать.

— Эй! — негромко окликнул чеченца Николай.

Боевик обернулся как ужаленный.

Все чувства сразу промелькнули в это мгновение на его лице. Удивление, злость, растерянность. Николай смотрел прямо в его глаза. Ладонь чечена растерянно шарила по блоку, выполняя еще ту, главную команду. И вдруг синюшная бледность проступила сквозь смуглость лица, а в глазах, растворив все чувства, появилось выражение какой-то собачей тоски и смертельного ужаса. Он понял, что сейчас произойдет...

Тогда жалости не было.

...Это пришло и заставило скулы сжаться в камни, но уже через мгновение пропало. Осталась только обида. «Зачем она вернула его туда? Что ей там надо? Это не для нее!» Но слов выразить все полыхнувшее в душе не хватило, и он только спросил, растерянно улыбаясь:

— А что бы вы хотели услышать?

Она опять долго смотрела не него.

«Зачем она на меня так смотрит?» — мучительно подумал он.

— Понимаешь... — Алла капризно сжала губы, и в углах вычертились морщинки. — Я просто пытаюсь понять. Вот мне — двадцать пять. Ты, наверное, моложе меня года на четыре. Моложе, а уже знаешь такое, чего на всю жизнь хватит. Ты стрелял по людям, наверное, убивал. После всего этого просто невозможно оставаться нормальным человеком. Ну, в смысле, обычным. Тем, кем был раньше. Я пытаюсь понять, чем ты отличаешься от нас, от меня...

— Брось, Алка, что вцепилась в парня? — Борис легко сорвал кольцо открывашки с банки пива и, отхлебнув, закончил: — ...Очень ему надо в воспоминаниях копаться! Ну, прямо как тебе о твоем любимом муже говорить...

«Так, значит, она замужем...» — подумал Николай.

Это «замужем» почему-то тоской отозвалось под сердцем. Ему стало грустно от того, что эта женщина чужая. Чья-то жена. И глаза эти принадлежат другому.

— А кем вы работаете? — задал первый пришедший в голову вопрос Николай.

— Я?.. — Алла на секунду замялась. — Бухгалтер-экономист в фирме. И учусь на вечернем, в финансовой академии.

— Где мы ее и отловили, — ухмыльнулся молчавший все это время Михаил. — Прибыль считает она как компьютер. Экономит — в основном собственные нервы. А финансы любит всем сердцем!

— Ладно, пора перекурить! — предложил Борис.

...В тамбуре было морозно и горько пахло угольной гарью. Внизу размеренно и колокольно выстукивали стыки колеса.

— Я в армию в девяносто первом ушел. Попал в Ростов в штаб округа. Служил поваром, — выдохнув дым, сказал Михаил. — Скажу вам, не служба, а курорт был! Пять раз в отпуске был. Домой, помнишь, Боря, на новеньких «Жигулях» вернулся. Мы с нашим полковником за неделю столько зарабатывали, сколько генерал за год не получит. Помню, мой ротный, у которого я числился, штуку баксов у меня одолжил...

— Это по контракту, что ли, тогда так платили? — удивился Николай.

— По какому контракту? — Михаил снисходительно глянул на Николая. — Тогда и слова такого не было. Я обычным «срочником» был. Забирали в армию еще при комуняках, а дембельнулся уже при демократии. Просто время тогда такое было — время непуганых идиотов. Эх, вернуться бы туда хотя бы на пару месяцев, так сейчас бы богаче Березовского был бы...

— Или в могиле давно лежал бы, — хмыкнул Борис.

— Да ладно тебе, Боря! Завидуешь просто. — От выпитого полное лицо Михаила побагровело и стало похоже на недоспелый помидор. — Ты тогда в своей институтской общаге за четвертак курсовики богатым чуркам делал. А я помню, осенью девяносто второго за один день штуку «баксов» срубил. На округ два вагона тушенки привезли. Мой начпрод с полковником из штаба тыла быстро ей покупателей нашли. А вместо тушенки из гэдээр пригнали две фуры собачьих консервов. Вот они мне и поставили задачу: на собачьи консервы клеить бумажки от тушенки. Мне этих бумажек целую коробку от телевизора притащили. Продали они тушенку по доллару за банку. А меня наняли по пять центов за банку менять наклейки. Ну, я, не будя дураком, пригнал на склад взвод чурок молодых из карантина, и они мне всю ночь за дополнительную пайку масла эти банки хреначили. Двадцать тысяч банок накатали. Ровно на штуку. Мой прапор сначала было уперся, мол, тебе и сотки баксов за глаза хватит. Ну, тут я ему и выдал, мол, сотку свою себе в жопу засунь. А если мне мои кровные до цента не отдашь, то завтра пойду в обэхээсэс. Тогда и на нарах, и без бабок окажешься.

Прапор аж позеленел. К полковнику побежал. Тот меня вызвал. Говорит, не боишься, что по Дону с дырой в башке поплывешь? Я говорю — не боюсь. Я честно деньги заработал. Вам помог. А ваш прапор их зажать хочет. Так бизнес не делается.

Полковник подумал, потом говорит: ты, мол, молодец! Так и надо за свои деньги драться. Стушуешься — сожрут и выплюнут. Иди, деньги все получишь.

Мы потом с полковником этим еще много чего делали. Гениальный мужик был. Жаль, убили его...

— Во-во! — сказал Борис. — Таких умных пуля быстро находит.

— Да случайно все вышло. По дурости, — огрызнулся Мишка. — Уже перед самым дембелем весной девяносто третьего он в Чечню толкнул вагон мороженого мяса. Он там корешился с какой-то ихней шишкой. Типа, служил раньше. А этот козел с ним рассчитался и сам же своих черножопых бандюков на него навел. Домой к нему завалились всей кодлой. Вместе с женой и сыном и убили. Похороны были громкие. Командующий округом выступал...

— Не хера было с чеченами связываться! — подытожил Борис.

— Да кто же знал. Друг вроде, в десны целовались... — вздохнул Михаил.

— А собачью тушенку кому толкнули? — задал мучивший его вопрос Николай.

— Да никому ее не толкали. Войска все сожрали. Тогда из Европы в наш округ столько дивизий понагнали, что только успевали эшелоны разгружать. Их в голое поле выбрасывали. Ни домов, ни казарм, ни боксов, ни столовых — одни палатки да полевые кухни. А в этих котлах — один хрен, что собачьи консервы, что тушенка, что вырезка — все в вату разваривается...

...На душе вдруг стало гадливо, словно он со всего размаха вляпался во что-то осклизлое и вонючее. Николай молча смотрел на толстяка: «Вот же шкура! Ворюга...» Но тот, видимо, каким-то шестым чутьем уловил настроение Николая. Осекся. Затянулся сигаретой. И, уже почти оправдываясь, закончил:

— Я-то что? Я просто солдат был. Мне приказали, я сделал. Воровал-то не я.

— Но бабки-то ты получил, — не сдержался Николай.

— И что с того? А ты, можно подумать, отказался бы? — неожиданно вскинулся Михаил. — Вот мы какие честные! Да я до армии два года в одних штанах ходил и в деревенской телогрейке. У меня батя алкаш запойный был. А нас у матери трое. Она воспиталкой в детсаду работала. Я старший. Я потому с четырнадцати лет в кулинарное ПТУ ушел, чтобы младших хоть как-нибудь прокормить.

Я, что ли, воровал? Офицерье воровало. Миллионами хапали. У нас в штабе один генерал сто «нулевых» «КамАЗов» с базы хранения армянам загнал. И ничего. Из армии только выперли. Я, если хочешь знать, пайки масла у своих пацанов за службу не утянул и другим не давал. А на дембель такой банкет своей роте устроил, какой в Кремле не бывает.

Да, я заработал бабки!

Так время такое было. Эпоха первоначального накопления капитала, как в учебниках пишут. Каждый крутился, как мог. Мне о своей семье надо было думать. Я вернулся, а батя мой с циррозом печени в Воскресенской больничке доходил. Мать все деньги на него тратила. У младших одежды зимней не было. Через месяц после дембеля батя помер. И если бы не я — так все бы в нищете и передохли. Всех на ноги поднял. Брат институт заканчивает. Программист такой, что уже сейчас в Штаты зовут работать. Сестру в юридический в этом году определил.

Моя совесть спокойна...

— Ладно! Хватит тебе тельняшку на груди рвать, — вмешался Борис. — А ты, Коля, где собираешься работать?

Николай подавил в себе раздражение. «Шут с ним! Какое мне дело, где и как он бабки сделал. Я не прокурор и не следователь...»

— Вернусь к себе, в поселок. Пойду опять в клуб работать. Киномеханик я... — И Николай как наяву увидел свою свежепобеленную чистую аппаратную, диски лент в коробках. Треск работающих аппаратов. Убегающий к экрану разноцветный жгут лучей за маленьким окошечком...

— Копейки считать! — Михаил даже сплюнул на пол. — Да ты, братан, цену себе не знаешь. У тебя теперь с этой штукой, — он ткнул пальцем в медаль — все пути открыты. Ты же «проверенный кадр». В ментовку иди. В ГАИ, например. Нормально заколачивать будешь. А то к братве какой прибейся. Там пацаны с боевым опытом ценятся. Такие деньги будешь грести!

— Что же, все на деньги мерить? — сглотнув злую сухость во рту, спросил Николай. Толстяк все больше начинал раздражать его.

— Ладно, Коля, ты тоже давай в «исусики» не записывайся. — Голос Борис вдруг налился жесткой силой. — Можно подумать, вы там, в Чечне, как по Писанию жили. И денег у вас не было, и стоял полный коммунизм. В газетах и по телевизору знаешь сколько всего на эту тему было? И как зачистки за деньги отменяли, и как боевиков за доллары из окружения выводили, и как оружием торговали. Знаем...

Ты парень нормальный, но не надо нас всех здесь за дерьмо считать. Тебе досталась война. Нам нет. Ну и что? Ты вон на Мишку окрысился за его рассказ. А у него, кстати, тоже своя медаль есть, «За спасение утопающих». Он два года назад девочку из полыньи вытащил. Себе почки так посадил, что его самого еле выходили. Алка два раза кровь сдавала, когда надо было срочно одну женщину на работе спасать. — Борис словно читал мысли Николая и спешил их развеять. — Никто все деньгами не меряет. Но деньги — это... Ну, как сказать?.. Это градусник человека в обществе. Понимаешь? Дурак тот, кто становится их рабом. А умный с помощью денег свою жизнь лучше делает и жизнь своих близких. Вот мы организовали фирму. У нас двенадцать человек работает. Всем зарплату платим, причем не маленькую. А если посчитать всех жен и детей, то мы втроем полсотни человек кормим своим делом. И, заметь, в очередь за орденами не лезем...

Волна гнева прошла, и Николай уже пожалел, что вспылил.

— Понимаешь, — примирительно сказал он, — мне пока ваша жизнь мало понятна. Я год пробыл там, где за деньги жизнь и дружбу не купишь. И что бы там по телеку не показывали, а жили мы совсем по другим законам. Воевали не по прейскуранту и не за зарплату...

— Знаешь, Коля, только без обиды. — Мишка ловко подкурил от одной сигареты вторую. — Забудь ты свою Чечню! И чем скорее, тем лучше. Привыкай к новой жизни. Она другая. Здесь крутиться надо. И старшина тебя утром за ручку на завтрак не поведет. Самому на хлеб с маслом приходится зарабатывать. Только, кстати, здесь дружбу тоже за бабки не покупают. Она и здесь в деле рождается. Причем часто в таком, что и на войне не снилось. Одна ошибка, и ты труп. Как у сапера.

— Ты живым, здоровым едешь в свой поселок, при медали, — добавил Борис. — Ты же герой. Небось выйдешь там на улицу, и все девочки твои! — Он мечтательно вздохнул. — На юга махни, развейся. Море. Солнце. А войну оставь тем, кому это предстоит. Ты свое отпахал...

...Пулемет бил почти в упор. Метров с пятидесяти. Короткими, расчетливыми, но почти без пауз очередями. Пулеметчик знал свое дело. Нельзя было поднять головы и переползти. Группа была просто распята среди камней склона, по которому шла.

— Слышишь, Колян, — голос комгруппы Петрова был хриплым и срывающимся. — Вырвемся — богу свечку поставлю! В церковь пойду.

«Вырвемся... Легко сказать! — лихорадочно думал Николай, вжавшись в землю за невысоким камнем, едва прикрывавшим их обоих от пуль. — А как это сделать, если засады рассчитаны на то, чтобы из них никто не вырвался?» Но вслух он выдохнул совсем другое:

— Вместе сходим...

— Надо только подняться, — жестко сказал лейтенант. — Пока нас тут всех поодиночке не выгрызли. Надо подняться!

— Надо!.. — эхом отозвался он, но плохо представлял, как это «надо»... — Но ведь срежут, лейтенант...

Тот придвинулся ближе. Пули звонко и зло клевали скалы, рикошетировали с холодящим сердце жужжанием.

— Пулемет один, — сказал лейтенант. — Значит, это не засада. Не ждали они нас здесь. Он нас к земле прижимает. Дает своим время подойти. Не вырвемся — все здесь останемся. Передай по цепи — после второго разрыва гранаты все броском к ручью...

«Он прав!.. — неожиданно и жестко сказал сам себе. — Надо встать. Иначе — крышка».

А вслух хрипло выдохнул:

— Понял, лейтенант. — Осторожно повернулся на бок, чтобы голос его был слышен тем, кто лежал справа, громким шепотом: — После второго разрыва гранаты все броском к ручью. Как поняли?

Спустя пару мгновений до него донеслось:

— Поняли. Готовы.

— Все готовы, лейтенант, — повернулся он к командиру.

Тот уже вытащил из кармашков «разгрузки» пару «эргэдэшек» и торопливо разгибал усики на запалах.

— Готовы? — Услышав доклад Николая, командир группы на секунду замер, словно собирался силами.

— Сейчас!..

«Значит, ему тоже страшно... — От этой мысли Николаю стало почему-то легко. В голове прояснилось. — Всем страшно».

— Ну!... — Лейтенант дождался короткой паузы в стрельбе и, быстро приподнявшись над землей, вырвал кольцо и с силой швырнул сначала одну гранату, а через пару секунд вторую. Тут же приник к земле. Вновь ударил пулемет, но тут же поперхнулся разрывом. Умолк. Тут же ахнул второй. Командир резко отжался от земли, вскочил на ноги.

— За мной! — рявкнул он негромко. И, пригнувшись, побежал вправо по склону.

За ним бросился Николай.

Весь мир сжался в узкую ленту, по которой он бежал. Камни, кусты, земля под ботинками, хрип дыхания. Пулемет бил длинными очередями, и пули змеями шипели прямо у головы, рубили ветки вокруг, но он бежал как заговоренный, ловя глазами спину лейтенанта.

«Будем жить! — билась в мозгу одна мысль. — Будем жить! И в церковь пойдем!»

Они скатились в русло пересохшего ручья и потом еще два часа отрывались от погони. Из того рейда не вернулось треть его группы...

— Забыть, говоришь?.. — Николай загасил сигарету и посмотрел на Бориса. И не найдя, что сказать, вышел из тамбура. Вагон сильно качало, а быть может, это коньяк давал о себе знать. В купе он почти ввалился. За время отсутствия Алла успела переодеться. В простом халате она была какая-то домашняя, близкая. Повернувшись, улыбнулась Николаю.

— Накурились? Табачищем-то несет! Я с тех пор как бросила — запах дыма не переношу. — И вдруг предложила: — Ну что, выпьем, чтобы табак забить...

«Она сама предложила! — мелькнуло в голове, и тут же забыв о разговоре в тамбуре, боясь, что она передумает, Николай быстро взял со стола бутылку.

Колеса больше не протестовали.

— Что-то ребят долго нет, — ставя стаканчик, задумчиво сказала Алла. — Наверное, в вагон-ресторан пошли на разведку. Для них слово «ресторан», как красная тряпка для быка. Они их коллекционируют. Полжизни в них просидели. Но могли бы и нас позвать. — И Алла капризно поджала губы.

— А кто ваш муж? — глухо спросил Николай и сам удивился собственной смелости.

— Муж?.. — Она протянула это слово, словно взвешивая его на языке. — Неудачник! Есть, оказывается, такая профессия. Точнее, судьба. В общем, хороший парень, но неудачник.

— А вы его любите? — холодея от собственной наглости, выдавил он. Но вопрос нисколько не смутил Аллу. Она откинула волосы назад. И, взбив их ладонью, улыбнулась:

— Нет. Девчонкой была влюблена. А сейчас — нет. Он не мужчина. Тряпка. По любому поводу бежит ко мне плакаться. Надоело уже за три года ему сопли подтирать.

— А что не разводитесь?

— Зачем? Мне с ним удобно. Он как ребенок. Что ни скажу — все делает. Ну и, кроме того, квартира на него оформлена. Его родители ее нам подарили. Пока свою не куплю, разводиться не буду.

Николай совсем запутался...

— И как же вы живете?

— То есть? — переспросила она. — Сплю я с ним. Ну, а насчет чувств ничего не оговорено...

— А Михаил, Борис?

— Михаил... — Она замялась. — Ну, в общем, я сначала с ним познакомилась. С подружкой в ресторан к нему ходили. А потом на одном пати я с Борей встретилась... — Голос ее на мгновение дрогнул.

«С Борей... Значит, она с ним? — с глухой ревностью подумал он. — Так вот, значит, что. А ты растекся, как масло по сковородке...»

Ее слова долетали как издалека, все перед глазами начало плыть, в голове зашумело. И он понял, что сильно пьян.

— Он удивительный человек. Таких, как он, в нашей стране единицы. В нем есть какая-то сила, перед которой невозможно устоять. Когда он с Михаилом создал нашу фирму — никто не верил, что из этого что-то выйдет, а теперь мы известная фирма в Ростове. Он умеет так вдохновить людей, что самые неверующие работают по двадцать пять часов в сутки. Но деньги для него ничто!

Ее словно прорвало, и она спешила засыпать его информацией о Борисе:

— Скольким людям он помог. А сейчас Боря мечтает открыть в городе клуб, где будет собираться творческая элита, — она сделала ударение на последнем слове. — И можно будет свободно встречаться без оглядки на всякое быдло. Он способен понять любого человека и говорить с любым.

Вот он с тобой говорил о Чечне, о войне. С уважением к тебе, к твоим заслугам. А ты знаешь, он у нас в Ростове провел демонстрацию против чеченской войны?

— То есть? — непонимающе переспросил Николай. — Какую демонстрацию?

— Обычную. Всего несколько десятков человек. Мы стояли посреди города и протестовали против этой бессмысленной войны. И это в нашем дремучем, сонном Ростове...

— Так против чего демонстрация-то была? — еще раз спросил Николай.

— Я же тебе сказала — против войны в Чечне, — уже почти раздраженно ответила Алла. — Против того, чтобы мы туда лезли. Против нашей оккупации. Против того, чтобы там бессмысленно гибли наши солдаты. Против геноцида чеченцев. Мы требовали отдать под суд военных преступников, развязавших эту войну.

В этот момент дверь открылась. В ярком свете коридора сначала обозначился Борис, за ним Михаил. В руках у обоих были бутылки с пивом.

— Самолет летит — колеса стерлись! — петрушечьим голосом выкрикнул Борис. — Вы не ждали нас, а мы приперлись!

Его лицо плыло. Купе перед глазами кружилось.

«...Протестовал против Чечни, — стучало в висках. — Значит, мы оккупанты? — Николай вспомнил подорванный автобус с детьми. — Значит, по его мнению, это правильно?»

Он вспомнил, как на его глазах в мокрой яме под корнями старого вяза у него на руках трудно умирал Антон Снегирев. Пуля разорвала ему печень. Он истекал кровью, но до ближайших наших позиций было больше десяти километров. Кругом было полно боевиков, и вызвать «вертушку» было просто невозможно.

«Значит, он погиб зря? Значит, мы все оккупанты?!»

— Ну, что затих, герой? — шутливо ткнул его в плечо Михаил.

— Бойцы вспоминают геройские дни и битвы, где вместе рубились они, — продекламировал Борис.

Николай тяжело поднял голову. Мысли ворочались, как старые жернова.

— Да вот, говорят, ты против войны протестовал? Против нас, оккупантов...

Глаза Бориса мгновенно сузились, он отодвинулся.

— Это ты, что ли, лекцию провела? — глухо бросил он Алле.

— Да, Борь, а что? Я же только правду, — растерянно произнесла та.

— Ну, так что с оккупацией? — процедил Николай.

— Никак, — мягко ответил Борис. — Ложись, отдохни. Алла немного переборщила. Не будем из мухи слона делать.

— Вот как? — Николай зачем-то кивнул. — Слона! А как же с геноцидом быть?

— Ну, вот что, герой! — неожиданно вмешался Михаил. — Хватит тут духариться! Мы таких, как ты, видали. Не звени медалями. И мученика здесь не изображай. На нас это не действует. Ты домой едешь. Живой-здоровый. Так радуйся, что ноги унес. Кому-то меньше повезло. Нажрался на халяву и теперь тут выделываешься перед нами. Лезь в свою койку и дрыхни!

Николая мгновенно захлестнула волна какой-то дикой, неуправляемой злобы.

— Да я тебя, сука, порву! — Он попытался вскочить и броситься на толстяка, но ноги неожиданно подогнулись, и он неуклюже плюхнулся на диван. «Боже, как я напился!» — обжег его едкий стыд.

— Что? — Толстяк двинулся было к Николаю, но на дороге встал Борис:

— Брось! Не связывайся!

— Что не связывайся? — завопил Михаил. — Этот дембель вшивый возникать будет, а я молчать?!

— Я сказал, брось! — Борис схватил Михаила за кисти рук.

Николай вновь попытался встать, но ноги окончательно отказались повиноваться, и он упал боком на диван, больно стукнувшись лицом о край стола. «Напился!»

— Сволочи вы! — хрипло выдохнул он.

Было обидно и противно. За себя, за свое бессилие, за унижение перед этими...

— Николай. — Голос Бориса был неожиданно мягким и спокойным. — Ты взрослый мужик. Давай-ка прекращать дебош. Нам еще только пьяного скандала не хватает с милицией.

Николай посмотрел на Аллу. Она забралась с ногами на койку и, откинувшись к окну, молча наблюдала за происходящим.

— Ты хочешь встречи с милицией? — спросил Борис.

Николай мотнул головой.

— Вот и славно! — Борис облегченно вздохнул и аккуратно присел на край дивана. — Так вот, о словах Аллы. Во-первых, женщин надо меньше слушать. А во-вторых, Николай, не обижайся и не злись, но ведь ты сам жертва этой Чечни. Ты попал туда восемнадцатилетним пацаном. Без веры, без убеждений, без жизненного опыта. Эта война тебя воспитала и определила как человека. Не спорю, может быть, как сильного человека. Но война обделила тебя в главном — в способности думать и оценивать все вокруг себя без шор и штампов. Объективно, свободно... — Борис говорил уверенно, легко, словно лекцию читал. — А ведь именно в этом и заключается свобода человека. Узнать правду каждой стороны и все подвергнуть сомнению. Только так можно выработать по-настоящему свою точку зрения.

Человек должен быть свободен от каких-либо выдуманных долгов. Свобода личности — вот главное. А в вас, «чеченцах», всю службу вырабатывали совсем другое. Вас отучали рассуждать, задумываться над тем, что вы делаете. Вас учили лишь слепо выполнять любые приказы. Подчиняться своим командирам и верить, что ничего другого на земле нет. Вы все какие-то однобокие. Как доходит дело до оценки серьезных вещей, вы тут же прячетесь за голые лозунги, и вас ничем не вышибешь оттуда...

— А за какие лозунги прячешься ты? — спросил Николай.

— Я? — Борис торжествующе улыбнулся. — Ни за какие! Любые лозунги, веры, партии — это лишь вериги на человеке. Моя сила в том, что я создал в себе свободную личность. На любой факт, на любую ситуацию в мире я имею свою точку зрения. Я против Америки, когда она воевала во Вьетнаме, но я и против бессмысленной войны в Чечне, хотя к самим чеченцам любви не испытываю. Свобода — вот мое кредо.

А ты, увы, загнан в рамки идеологии. Родина. Долг. Патриотизм... Неужели ты не видишь, что, прикрываясь этими словами, политиканы делают себе карьеры, генералы зарабатывают ордена и должности, а олигархи деньги на вашей солдатской крови делают?

Николай растерялся. Все сказанное было столь неожиданным для него, что все в голове спуталось. Он и представить себе не мог, что кто-то вот так просто, почти играючи, разрушит все то, во что он верил и чем жил. Он не знал, что сказать, что ответить. И ему вдруг стало невыносимо стыдно за это его молчание. И, с трудом подбирая слова, он хрипло заговорил:

— Ты... Твоя свобода... Знаешь, она на моей крови. На крови моих друзей. Это для тебя Родина — лозунг. Пустышка. А для нас Родина — это наша жизнь. Ты ведь здесь сидишь. Не боишься, что убьют. «Бабки» зарабатываешь. Спишь, ешь, ни за что не волнуешься. А там без всякой философии чечены русских резали. Сколько тысяч погибло под Дудаевым и его мразью.

Я свою веру выстрадал. И там я стрелял не за олигархов и не за генералов, а чтобы эта мразь сюда, в Россию, не пришла убивать и грабить. Потому что ничего другого она не умеет и не хочет делать. И ты после этого такое говоришь. Твари вы все неблагодарные!

— Давай-ка без грубостей! — Борис слегка побледнел. Темные его глаза вызывающе заблестели. — Будем говорить по-взрослому. Вот для них, — он мотнул в головой в сторону Михаила и Аллы. — Им полезно послушать. Да и тебе может пригодиться! Видишь ли, Коля. «Вера», «выстрадал!». Какая вера? Ну, учительница пару слов сказала, замполит с бумажки прочитал. Вот и все убеждения. Насколько я знаю Россию, у нее одна вера — вера в вечную халяву. Сидит она, родимая, на давно остывшей печи и ждет, когда по щучьему велению вдруг и печка затопится, и щи закипят. Только на халяву в нашем мире ничего не бывает. И можно еще сто лет с Чечней воевать, и еще сотню врагов себе найти, а сидеть будем все на той же холодной печи.

Пахать надо! Вкалывать, как папы карло, а не сражаться с какими-то черножопыми индейцами за какую-то абстрактную Родину. У Америки надо поучиться, как супердержаву за двести лет можно построить. Или у немцев, как за пятьдесят лет из разоренного войной рейха стать процветающей страной.

Не вы там, на войне, страну из задницы вытаскиваете. А мы. Я, мои друзья. Бизнесмены, менеджеры, управленцы, ученые. Мы деньги зарабатываем, мы налоги в казну платим, а вы там, в своей Чечне, их просто сжигаете, как бумагу. Да за один день этой войны денег столько тратится, что ты со всей своей деревней мог бы сто лет не работать.

Николай с тоской почувствовал, что окончательно запутался, потерялся в чужой логике. Что ответить ему, в сущности, нечего. Слова Бориса забивались, как гвозди. Намертво и точно. И он лишь зло выдохнул:

— Спасители, говоришь? Только пока вас в

России не было, спасать ее было не от чего! И войны ни в Чечне, ни в Приднестровье, ни в Абхазии не было. И нищих не было. И городов замерзших. Не Россию вы вытаскиваете, а на шею ее взобрались и присосались к венам, как упыри. Все соки из нее уже высосали...

— С тобой тяжело говорить, — сухо сказал Борис. — Ну, да ничего! Жизнь покажет, кто прав. И тогда...

— Уже показала, — огрызнулся Николай.

— Что показала?

Коньяк опять противно ударил в голову и смешал мысли. Все вновь начало кружиться перед глазами. Николай тяжело оглядел компанию:

— Да то, что не повезло мне с попутчиками. Думал, стоящие ребята попадутся, а оказалось, вшивота!

— Почему ты нас все время оскорбляешь? — вдруг с вызовом бросила из своего угла Алла. — Кто тебе дал это право? Кто дал тебе право нас судить? Ты кто такой вообще? Сидел с нами за одним столом, ел, пил, а теперь вдруг в судьи полез.

— А что, разве вы хорошие? — пытаясь смотреть ей прямо в глаза, сказал Николай. — Вот ты своего мужа за дурака держишь. Но живешь в его квартире, помыкаешь им, как хочешь. Честная, да? А чего же ты с другим мужиком в отпуск катаешься, честная? Любишь его? Так уйди к нему, — он кивнул в сторону Бориса. — Но ведь не уйдешь! Квартиру не бросишь.

Алла мгновенно вспыхнула, но Николай уже не глядел на нее.

— Или вон Михаил. В армии на собачьих консервах деньги делал. Солидный человек. На машину одолжить может. Кто я для него? Нищий с медалькой. Только ведь вор он. Обычный вор. Крыса, которая у своих воровала...

— А не много ли ты на себя берешь? — вдруг оборвал его Борис. — По-моему, ты слишком разошелся. Здесь тебе не Чечня, где все можно. Здесь другие законы. И Уголовный кодекс, между прочим, действует. Достал ты всех уже. Залезай на свою койку и спи. Иначе на следующей станции сдадим в отделение, и медаль не поможет.

— Мразь ты, Борис! И все вы тут мразь! — Горячая злоба вновь захлестнула Николая. В душе было мерзко. Словно исполосовали ее вонючим дегтем. Он попытался схватить сидящего перед ним Бориса за грудки, но на плечах неожиданно повис Михаил, прижал мощным телом к дивану.

— Хватит! — услышал Николай над собой Бориса. — Придержи его. Схожу за проводником и милицией. Ответишь ты нам за этот вечер!

— Отвечу! — зло вздохнул Николай, пытаясь сбросить с себя тяжелое тело.

...Ему снился бой. Остервенело бил где-то неподалеку пулемет. Жгло солнце. Эхо выстрелов, разрывов отражалось в безразличных ко всему суетному, людскому стенах ущелья. И он опять под пулями вытаскивал из горевшей машины мертвого водителя. А потом был взрыв...

Он проснулся и не сразу сообразил, где находится. Грубо побеленный потолок, шершавые в зеленой краске стены. «Камера!» — вдруг обожгла его догадка.

И он сразу все вспомнил.

Как долго лежал связанный простынями. Как на ближайшей станции в купе появился высокий сержант и как всем купе его сдавали в отделение. Николай вспомнил, как бесполезно пытался он объяснить сержанту, кто эти люди, и как тот, выведенный в конце концов из терпения, спросил его в лоб:

— Пил?

И сразу стало ясно, что говорить дальше бессмысленно. Он вдруг понял, что ничего уже не сможет доказать.

— Да, пил... Оскорблял...

А потом заспешили на поезд эти...

...Он лежал, смотрел в потолок и думал, что форма, конечно, помялась и надо найти где-то утюг, погладиться. Неожиданно он обнаружил, что лежит в одной тельняшке без куртки. «Где она? — заволновался Николай. — А медаль? Вдруг эти сволочи ее прихватили? Эх, дурак! Зачем пил, зачем вообще с ними связался?» И ему стало горько и обидно до слез. За то, что он здесь, в камере. За то, что возвращение домой стало таким безобразным.

«Один, — думал он. — Были бы ребята, не дали бы в обиду. А эти сволочи... Да еще в таком виде. В камере, как преступник...»

И, размазывая рукавом неожиданные слезы, он подошел к двери:

— Эй? Кто там? — негромко позвал он. — Выпустите меня! — Но никто не откликнулся.

И тогда он, раздавленный какой-то давящей горло тоской и отчаянием, заколотил что есть силы кулаками по гулкой жестяной обивке двери:

— Медаль! Медаль-то хоть отдайте! Слышите, медаль верните, гады!!!

МОНЕТКА

— ...Только сразу! Чтоб не мучилась. Хорошо? — Ее голос предательски дрожит. Как ни крути, а знать, что через пару минут ты умрешь, всегда тяжело.

— Не волнуйся. Все будет как надо... — говорю я совершенную глупость и тут же чувствую, как наливаются жаром стыда обмороженные месяц назад уши. «Будет как надо... Идиот! Еще бы сказал, что все будет хорошо, гуманист хренов...»

— Вот и слава богу! — Она вдруг успокаивается. — Скоро увижу своих мальчиков...

Мы идем вдвоем по разбитой, грязной улице в сторону Сунжи. Она метрах в трех впереди...

У нее странная фамилия — Монетка.

Сколько ей лет? Сейчас уже поздно спрашивать. Лет тридцать шесть — тридцать восемь, наверное. Но точно не больше сорока. Ее старшему сыну было девятнадцать. А родила, наверное, лет в двадцать. Тогда это был самый «рожальный» возраст. Но по виду ей сейчас можно дать все пятьдесят. Давно не чесанная, в каком-то тряпье, с серым осунувшимся лицом, в синяках и коросте грязи на руках. Она без возраста, как большинство женщин на этой войне.

Первый раз Монетка появилась у нас три дня назад. Но тогда она была другой. Разбитная баба, с какой-то отчаянной, неженской лихостью в движениях и словах и бросающейся в глаза «нервинкой». Иногда по ее лицу вдруг пробегала судорога, и на мгновение оно каменело, превращаясь в какую-то посмертную маску.

— Мужики, а она случаем не наркоманка? — спросил после первого ее прихода к нам Кузя — механик-водитель командирской «бэхи» — БМП.

— Шут ее знает, — пожал плечами наш фельдшер Рафаэль. — С виду не похожа. Да и где здесь сейчас наркоту-то достанешь? Кроме промедола, ничего нет.

— А где ее «чечи» достают? — хмыкает Кузя.

Действительно, после захвата очередной духовской лежки или позиции мы почти всегда находим там целую россыпь использованных шприцов. Поначалу я думал, что они от раненых остаются. Но как-то раз, наткнувшись на разбросанные шприцы, мы специально «протралили» весь подвал в поисках остатков бинтов, ваты, крови или еще каких-нибудь следов пребывания здесь раненых, но не нашли ничего. И теперь я стопудово уверен, что «чехи» просто наркоманят, взбадривая себя для храбрости «дурью»...

— Кузя, может, вены у нее проверишь? — донесся из десантного люка «бэхи» издевательский голос Лехи — стрелка-оператора. — Заодно и на ногах тоже. Могу еще пару мест сказать, куда особо хитрые колются...

— Да пошел ты! — беззлобно огрызнулся Кузя. — Очень мне это надо! Я в смысле того, что какая-то она не такая...

Кузя как в воду глядел. Но тогда никто на это внимания не обратил...

— Да хватит тебе выдумывать! — вылез на улицу Леха. — Баба наша! Молодец! Без нее бы мы с тобой завтра цинковые бушлаты бы примеряли.

И это была правда. Улица, по которой мы должны были завтра выдвигаться к мосту через Сунжу, оказалась заминированной, и предупредила нас о минах Монетка.

— Эй, солдатик, мне срочно нужен ваш командир! Проведи меня к нему, — это были ее первые слова. Я сам их слышал.

Судя по тому, что никто не заметил, как она к нам подошла, женщина выбралась из какого-то ближайшего подвала. А подошла она к Винни Пуху — лопоухому, стриженному наголо «срочнику» из второго отделения. Он наблюдал за обстановкой сквозь пролом в кирпичном заборе, отделявшем двор, где мы остановились на ночь, от улицы, которую мы должны были брать завтра.

Винни Пух удивленно уставился на женщину, отвлекшую его от выполнения приказа взводного:

— Чего?

— Командир твой где, вот чего! — уже почти прикрикнула она на солдата. — Веди меня к нему!

— Товарищ прапорщик, — Винни Пух растерянно повернулся в мою сторону. — Тут это... командира спрашивают...

Я дремал на старом пластиковом ящике из-под пива у небольшого костерка, на котором пулеметчики разогревали пайковой «тушняк». После целого дня перебежек, лазания по бесконечным руинам, чердакам и лестницам мышцы просто «скулили» об отдыхе и хотелось только одного — спать! Лечь прямо здесь, в осклизлую, глубокую грязь и заснуть...

«Какого хрена ей надо?» — раздраженно подумал я тогда, зависая в ленивой мути полудремы.

— Товарищ прапорщик!..

Вместо ответа я махнул ему рукой, мол, отправляй ее сюда.

Винни Пух что-то коротко объяснил женщине, кивнув в мою сторону.

Она подошла. Невысокая. В прошлом явно ухоженная женщина. Добротное пальто. Справные сапоги на каблуке. Расчесанные, уложенные в «хвост» выбеленные перекисью волосы. Чуть накрасить, очистить от грязи, и хоть сейчас на какую-нибудь ростовскую улицу — не отличишь от местных «матрен».

Она оглядела меня с ног до головы.

— Чего вам? — спросил я ее, и в голосе моем ничего, кроме раздражения и недовольства, не было.

— Ты прапор, что ли? — небрежно спросила она.

Я буквально закипел от такой наглости — «Прапор?!» Сознание едко обожгло мгновенной неприязнью за перебитый сон и наглость. Сон сразу улетучился.

— Не прапор, а товарищ прапорщик. Выкладывай, чего надо?

— Обидела, что ли? — заметила мое раздражение женщина. — Ну, извини. Не хотела. Ты командир здесь?

Я на мгновение задумался — будить или нет спящего в «бэхе» старлея. Но тут же решил — пусть спит! Ему и так за сутки досталось. Два «двухсотых» из «срочников», и сам под разрыв попал. Видно, что сильно контужен. Сам с ней разберусь. И если она не по делу меня разбудила, то пусть не обижается...

— Ну, допустим, я командир. А что?

— А то, что информация для тебя важная есть. — Женщина с вызовом посмотрела на меня.

...Жители часто приходили к нам и рассказывали о том, что видели сами или слышали от чеченцев. Чаще всего это были какие-то отрывочные слухи, сплетни. Но иногда попадалась и ценная информация. Три дня назад дед-пенсионер, бывший военный летчик, сдал нам духовский склад оружия в доме своих соседей, чей сын был каким-то чином в дудаевском МГБ. Чечены в том доме отстреливались до последнего, пока наш старлей не засадил им в окно «Шмель». Восемь обгорелых трупов насчитали. Старлей тут же отрапортовал в штаб об уничтоженной «бандгруппе МГБ Ичкерии». Он давно об ордене мечтает. Правда, два трупа из восьми были женские и один пацана лет тринадцати, но найденного в подвале оружия хватило бы на целый взвод.

Деду в благодарность за помощь подарили десять банок тушенки и отдали найденную в доме охотничью двустволку. Потом нас как-то жители предупредили о засаде в одном из домов...

— И что за информация?

Женщина на мгновение замолчала, словно собираясь с мыслями. Затем сказала:

— Сегодня ночью проулок, по которому вы завтра утром двинете, чечены заминировали.

Полчаса назад саперы, вернувшиеся с разведки, доложили, что улица, по которой мы собирались начать завтра выдвигаться, была «чистой», без мин.

— Что-то ты, тетка, напутала. — Я тут же утратил интерес к разговору и остыл. Раздражение ушло. В конце концов она действительно хотела нам помочь. — Прошли наши саперы по ней. Ничего там нет. Иди домой. Спасибо...

— Херово ваши проверяли! — раздраженно и упрямо бросила она. — Я сама видела, как они четыре штуки таких больших зеленых блина на ней установили. Пойдете — подорветесь. Не рискуй пацанами. Я покажу, где ставили...

Было в ее голосе что-то такое, что заставило меня пересилить дремотную лень и встать.

— Левашов! — окликнул я устроившегося в проломе стены сержанта. — Вызови ко мне Букреева.

Через минуту передо мной стоял заспанный сапер.

— Вы проверили дорогу?

— Так точно! — хмуро буркнул Букреев, недовольный тем, что его вытянули на свет божий из норы, где он спал.

— И что?

— Все чисто. Я же докладывал...

— А вот женщина говорит, что вчера ночью «чечи» там четыре «тэмки» установили.

— Мало ли кто чего говорит, — огрызнулся сапер. — Нет там ничего. Одна грязь и лужи.

— Чего ты врешь?! — вдруг с неожиданной яростью накинулась на него женщина. — Проверили... Пошли, я тебе покажу, где они стоят. Мордой ткну. Вот из-за таких, как ты, вы уже целый месяц в городе толчетесь. Все с землей смешали, жизнь нам поломали, а толку ноль! Проверили они...

— Так, стоп! — перебил я ее тираду, удивившись про себя ее натиску. — Женщина, я сам разберусь. Букреев, как вы проверяли?

— Как полагается. Миноискателем и щупами.

— Ты же мне вчера доложил, что миноискатель сломан.

Глаза Букреева растерянно дернулись.

— Да мы это... мы его починили ночью, — промямлил он, пряча глаза. — Там просто аккумуляторы сели. А щупами мы все проверили...

Голос его потерял уверенность. Стало ясно, что он врет. Не прошли они улицу. По крайней мере, до конца точно не прошли...

Я с ненавистью посмотрел в его круглую, в коросте грязи смуглую рожу. Накрылся мой сон!

— В общем, так, поднимай своего напарника и пошли проверять!

Вышли мы только через полчаса, после того, как вся группа была готова и пулеметный расчет на крыше доложил, что улицу он контролирует.

...Дорога между «скелетов» разрушенных бомбами пятиэтажек была разбита гусеницами и колесами до неузнаваемости. Кое-где еще был виден асфальт, но он лишь изредка показывался из грязи и залитых водою колдобин. В одном месте колея делала полупетлю вокруг воронки от снаряда и почти впритирку подходила к стене дома, теряясь в огромной грязной луже. Низкое, все в грязных драных облаках небо привычно сыпало на землю ледяной дождь пополам с крупным мокрым снегом.

— Вот здесь они ставили, — указала на лужу женщина.

— Проверяйте! — скомандовал я.

Прикрытие разбежалось по ближайшим подворотням занимать позиции на случай засады или атаки чеченов, а я с женщиной укрылся за углом дома, наблюдая за работой саперов.

Букреев брезгливо и осторожно шагнул в лужу и чуть не по колено провалился в невидимую под водой яму. Чертыхаясь, выбрался из нее. Зло посмотрел в нашу сторону. И начал часто «простукивать» жалом щупа воду перед собой. Так прошло с минуту. Неожиданно он замер и осторожными легкими уколами начал прощупывать что-то впереди себя. Потом он подал знак «внимание». Из кармана «разгрузки» достал моток грязной веревки с самодельным крючком из проволоки на одном его конце, наклонился и, опустив руки по локоть в воду, что-то стал перед собой нащупывать. Наконец распрямился и осторожно зашагал к нам, разматывая за собой веревку. Завернув за угол, он пронзительно свистнул — предупреждая всех об опасности, и осторожно потянул на себя веревку. Она натянулась, и на мгновение показалось, что Букреев борется с какой-то спрятавшейся под водой сильной рыбиной. Наконец веревка подалась, и сапер осторожно начал выбирать ее на себя. Когда у ног его уже свился целый моток, он осторожно выглянул из-за угла. Метрах в десяти от дома на асфальтовом пятачке лежала мокрая, в разводах жидкой грязи противотанковая мина...

Букреев старался не смотреть на меня.

— И вот в той колдобине поставили, — словно бы не замечая его подавленного состояния, деловито сказала женщина, подойдя к следующей залитой водой яме...

Через час группа вернулась к своим. В руках саперы тащили четыре мины. За улицей до утра остались наблюдать пулеметчики.

В расположении роты состоялся короткий и жесткий «разбор». «Механ» одной из «бэшек» контрактник Вовка Золотарев, бывший афганец, увидев сложенные на земле стальные «блины», без долгих объяснений двинул пудовым своим кулаком в лицо Букрееву. Тот, как мешок, отлетел к стене и съехал на землю. Из разбитого рта густо хлынула на подбородок черная в сумерках кровь.

— Ты что, сучий потрох, делаешь? Да из-за тебя, сучонок, наши кишки завтра со стен бы соскребали... — Он за грудки поднял Букреева с земли и размеренно, словно боксерскую грушу, размолотил букреевское лицо, разбрызгивая во все стороны кровь. — Урод ленивый!..

А ты чего глазками моргаешь? — Отшвырнув, обмякшего Букреева, он обернулся ко второму саперу. — Тебе что, щуп в задницу надо воткнуть, чтобы дошло наконец, чем вы, козлы, играете?..

Сапер, пригнувшись к земле, попытался было юркнуть между Золотаревым и стеной, но на полпути поймал глазом золотаревский сапог и, рухнув на колени, скорчился от боли, заскулил. Но экзекуция на этом не закончилась. Через мгновение он был буквально вздернут за шиворот над землей, и кулаки Золотарева в два удара превратили его лицо в кровавую кашу.

На шум «разборки» из «бэхи» вылез наш старлей Иваньков с мутными от боли глазами. Шатаясь как пьяный, он подошел к костру и зачерпнул кружкой чай из кипящего на углях котелка. Утром его сильно контузило. Чечен-гранатометчик как-то смог вычислить комнату, где ротный устроил свой энпэ, и засадил туда гранату. Взрывом разорвало радиста-«срочника» и размозжило голову лейтенанту, артиллерийскому наводчику, приданному нам за день до этого от полкового дивизиона. Сам ротный чудом остался жив. Взрывной волной его вышвырнуло из комнаты, контузило и засыпало обломками стены.

Когда мы забежали в комнату, то сначала увидели лишь сучившего в агонии сапогами по полу лейтенанта-артиллериста, чья сплюснутая до неузнаваемости голова страшно таращилась на нас черными дырами вырванных глаз. Потом в углу под разломанным столом у разбитой радиостанции нашли оплывавшее кровью туловище радиста. Ротного нигде не было, и мы решили, что его вышвырнуло взрывом в окно, и уже кинулись было к лестнице, но тут кто-то услышал глухое мычание из-под груды битого кирпича.

Когда мы раскопали старлея, стоять самостоятельно он не мог. Его то и дело рвало, из носа и ушей сочилась кровь. Конечно, старлея надо было отправить в госпиталь, но он отказался эвакуироваться, пока не пришлют замену. В штабе с ним спорить не стали — после недели боев из всех офицеров в роте кроме самого ротного оставался лишь лейтенант командир первого взвода — совсем еще салага и я — ее старшина.

Старлей молча наблюдал, как Золотарев мордует саперов. Он никак не вмешался в происходящее. И правильно! Пусть на своей шкуре узнают, что бывает за такие вещи. Это война, а не игра в песочнице. В другой раз будет наука...

Все это время женщина молча стояла в стороне.

Я залез в десантное отделение «бэхи» и, вытащив из деревянного снарядного ящика под ногами пару картонных упаковок «сухпая», подошел к ней:

— Спасибо тебе! Звать-то тебя как?

— Нинель, — тихо и не сразу ответила женщина, как завороженная наблюдавшая за расправой над саперами. Наконец она оторвалась от этого зрелища и повернулась ко мне: — Но чаще Монеткой зовут, — уже опять разухабисто, задиристо сказала она, широко улыбнувшись.

— Почему Монеткой? — удивился я.

— Фамилия у меня такая. Монетка. А имя сложное — мало кто запоминает с первого раза.

— В общем, выручила ты нас, Монетка. Спасибо тебе. Вот, возьми. — Я протянул ей коробки с «сухпаем». — Все, чем можем! — И сразу почувствовал себя генералом из фильма «Горячий снег». — А после войны сочтемся. К награде тебя представим. А пока своих накормишь. Муж, дети есть?

При этом вопросе лицо ее дернулось, словно она услышала что-то страшное, пугающее. Я даже слегка растерялся. «Может быть, погибли?» — мелькнула догадка.

Но она быстро справилась с собой.

— Есть. Два сына. Один в армии. Сейчас служит где-то на Северном флоте, второй школу заканчивает. А муж пять лет назад с молодухой в Находку сбежал.

— Все живы-здоровы? — на всякий случай переспросил я.

— Слава богу! — выдохнула она. — Ну, я пошла. Я завтра вас найду...

Я еще слегка удивился этим ее словам. «Завтра вас найду» — зачем?

Ночью по нам неожиданно отработали чеченские минометчики. Три мины разорвались прямо в нашем дворе. Пять человек из роты было ранено. Одна мина попала точно в движок командирской «бэхи», и ротный Иваньков, отлеживавшийся в ее десантном отделении, получил вторую контузию. «Бэха» сгорела. Только по счастливой случайности никто не погиб.

На следующий день вечером Монетка опять появилась на нашей позиции. Как она нас нашла — непонятно. Ведь за сутки мы прошли почти два квартала. Причем не по прямой, а загибая фронт в сторону Сунжи, нацеливаясь на один из мостов через нее.

Я был в полуразбитом кирпичном гараже на совещании, когда она пришла. В пролом стены было видно, как она подошла к костру, где по обыкновению разогревались банки из «сухпая». Солдаты узнали ее и усадили на ящик из-под патронов, дали кружку с чаем.

К этому моменту нашего старлея уже эвакуировали, и его заменил капитан Снегов — замкомбата второго батальона. Снегов мне не нравился. Сивый, худой, въедливый. Одно слово — сухарь! Ему в комендатуре служить — самое место или немцев в фильмах про войну играть. Но меня не спросили. Назначили Снегова, и все! Служи и подчиняйся.

— Это что за баба? — строго бросил Снегов, увидев сидящую у костра среди солдат незнакомую женщину.

— Все нормально, товарищ капитан! — взялся объяснять комвзвода Надеждин. — Наша женщина. Она нас вчера спасла...

— Как спасла? — переспросил Снегов.

— Да вот Юрий Антоныч расскажет, — спихнул на меня объяснение с новым ротным Надеждин.

Я уничтожающе взглянул на Надеждина. Идиот идиотом! Скоро год, как в офицерах, а так ничему и не научился...

Но слово было уже сказано, и пришлось вкратце пересказать вчерашнюю историю.

— Ну, хорошо! А что ей теперь надо? — Голос Снегова чуть помягчал, но командирская задиристость в нем не пропала. — Или вы решили ее к себе в штатные спасительницы нанять? — уже с ехидцей спросил он.

Я про себя чертыхнулся. Ну, Надеждин, ну, чудило! Неужели непонятно, что в глазах Снегова история со вчерашними минами — это не подвиг, а полное раздолбайство саперов и халатность нас, командиров...

— Никак нет, — растерянно отозвался взводный. — Не решили... Ну, может быть, опять какую-то информацию добыла.

В это время Монетка заметила нас и, встав от костра, направилась в нашу сторону. Она подошла к нам и, сразу выделив Снегова из группы, обратилась к нему:

— Здравия желаю, товарищ майор!

— Капитан... — хмуро поправил Снегов.

— Ой, ну извините. Ошиблась. Но, видать, недолго майора вам осталось ждать. У меня рука легкая. Если оговорилась — то точно так скоро и будет... — знакомой скороговоркой затараторила она.

— Спасибо, — оборвал ее монолог Снегов. — Вы что-то хотели?

Монетка словно не заметила хмурости капитана.

— Я тут с вашими солдатиками посидела. Такие пацаны у вас боевые! Настоящие джигиты! Куда там чеченцам!

— Хорошие бойцы, — кивнул капитан. — Так что вас... — Снегов сделал вопросительную паузу.

— Нинель Григорьевна, — представилась Монетка.

— Нинель Григорьевна. Что к нам привело?

— Узнала я кое-что опять. Может, вам пригодится.

— Хорошо, пройдемте с нами. — Снегов повернулся и зашагал к гаражу, где разместилось управление роты.

— Ночью чечены Андреевский мост взорвут. — Монетка сидела на ящике из-под гранатометных выстрелов. Горела стеариновая свеча, и лицо Монетки, как в театре теней, то вдруг раскрывалось на свету, то съеживалось до блеска глаз. — Они с темнотой отведут своих людей на ту сторону Сунжи и взорвут мост. Если поспешите, то сможете его целым взять.

— Откуда у вас такая информация? — Лицо Снегова стало непроницаемым.

— У меня соседка чеченка. У нее сын у Басаева в отряде. На ночь он домой приходил. Я слышала, как они говорили. У нас после обстрела трещина в стене. Слышно хорошо. Он сказал родителям, чтобы уходили с его отрядом. Что к пяти утра на этом берегу чеченов не останется.

— Вы знаете чеченский?

— Я с шести лет в Грозном живу. Хорошо знаю и их язык, и их натуру. — В голосе Монетки вдруг зазвучала жестокость, и глаза ее полыхнули ненавистью. — Волки — одно им слово...

— А как вы на нашу сторону попали? Где линию фронта перешли?

— Так это не проблема. — Монетка улыбнулась так, словно давно ждала этого вопроса. — Какая линия фронта? Где вы ее видели? Там, где русские стоят, там же напротив и боевики, а где русских нет — там и чеченов нет. Вам на карте показать, где прошла?

Снегов нахмурился:

— Вы умеете карту читать?

— Товарищ майор, вы, я смотрю, все никак мне не поверите. Все проверяете... — В голосе Монетки сквозанули обиженные нотки. — Карту я читать не умею, но уж в плане города, где всю жизнь прожила, как-нибудь разберусь. Я вот ваших ребят вчера спасла. Может, вам не рассказали? Я ненавижу всю эту мразь. И просто пытаюсь своим русским помогать, как могу. Если вы мне не верите, то я могу уйти. Ваше право... — И Монетка даже встала с ящика, словно собираясь выйти вон.

— Ладно, Нинель Григорьевна, не горячитесь, — уже примирительно сказал Снегов. — И про помощь вашу я наслышан. Спасибо вам. Но я как командир должен иметь полную и проверенную информацию. С мостом мы будем думать, как поступить. Информация это ценная.

Монетка вновь опустилась на ящик.

— К мосту я могу вас вывести дворами так, что чечены даже и не заметят. Они ночью сами не очень-то лазят по городу. Больше по своим домам сидят. Давайте я с вами пойду?

— Хорошо. Вы тут посидите, чайку попейте, а мы пока прикинем, как все лучше сделать.

С этими словами Снегов встал. Повернулся к сидящему во мраке подвала Ломову — нашему каптеру — дебелому, рыжему сержанту-контрактнику из Ярославля:

— Накорми и напои женщину чаем.

— Есть! — вытянулся Ломов, отбросив на дальнюю стену огромную бесформенную тень.

— Пошли за мной! — бросил ротный нам и направился к выходу из подвала.

— Товарищ капитан, чего тянуть-то? — шагая вслед за Снеговым по тропе среди развалин, бубнил Надеждин. — Только время потеряем. Разрешите, я со взводом выдвинусь. Оседлаем мост, а батальон подтянется...

— Тебе что, Надеждин, не терпится звезду получить? — хмыкнул Снегов. — Получишь! Но не золотую, а жестяную. И не на грудь, а на казенное бетонное надгробие. Знаешь первую заповедь проститутки? Не суетись под клиентом.

— Я не суечусь, — обиженно протянул Надеждин. — Я о деле беспокоюсь. Женщина город знает. К нам пробралась. Значит, и нас может провести. Сколько мы времени и сил сэкономим. Неделю уже к этому мосту пробиваемся. Сколько народа положили...

— Помолчи, Надеждин! — раздраженно оборвал лейтенанта ротный. — Чему вас только теперь в училищах учат? Заруби себе на носу. На войне никогда не хватайся за первую пришедшую тебе в голову мысль. Она еще не показатель того, что ты гениальный полководец. Это просто признак того, что ты не орангутанг. А на войне нужно в любой ситуации найти несколько вариантов действий. И каждый из них взвесить. Выбрать лучший, отработать его на карте, утвердить у командира и довести до личного состава. До последнего долбоеба, чтобы знал, куда бежать и что делать. Только так и никак иначе.

Учись, Надеждин! Бесплатно читаю тебе курс военной мысли.

А вперед, одним броском, оседлаем, с ходу... Мы так уже второй месяц здесь воюем. По самые уши в говне. Весь мир хохочет над тем, как нас тут чабаны кровью умывают.

Все! Я к комбату. Остаешься старшим. Проверь посты. И смотри, чтобы люди не расползлись по руинам подножный корм искать. Вчера во втором полку трое бойцов пошли по подвалам жратву шаманить. Утром их нашли. Но по частям. Головы отдельно, туловища отдельно.

Крылов, ты за мной!

...У комбата мне пришлось еще раз пересказать вчерашнюю историю с минами. Майор Шишков ничего не сказал, но посмотрел на меня с таким выражением, что мне захотелось провалиться сквозь землю.

Семь лет назад я молодым салабоном пришел к нему в роту, и через два года именно он рекомендовал меня в школу прапорщиков. Шишков всегда помогал мне и уж, конечно, был вправе рассчитывать на мою надежность...

После нашего доклада комбат ушел в «радийку» докладывать командиру полка. Вернулся он только через полчаса и сразу же склонился над картой. Что-то нанес на нее. Наконец выпрямился и подозвал к столу ротных.

— Андрей, — обратился он к Снегову, — значит, действуем так. Если эта баба не врет, то сейчас они снимают свои отряды с линии соприкосновения и отводят их за Сунжу. Значит, на позициях оставят только прикрытие. Ты со своими людьми прощупай их оборону вот здесь, в районе гаражей, и здесь, — карандаш Шишкова дважды уткнулся в карту. — Если все будет тихо, то выдвигаешься с ротой вот сюда. Я с Башировым попытаюсь вот здесь пройти. — Шишков прочертил по карте короткую стрелу. — И вот тут мы их от Сунжи и отсечем. Рота Никитенко в это время хорошенько шуманет с фронта. Но только шуманет! Понял меня, Никитенко? — Комбат вопросительно и строго посмотрел на старлея Никитенко, который только вторую неделю как принял роту, сменив убитого снайпером капитана Козачинского.

— Так точно... понял, — после небольшой паузы отозвался Никитенко. В голосе его прозвучала обида.

— И не кривись! Позавчера тебе было приказано дойти до универмага и закрепиться. А ты куда попер? На целый квартал вперед вылез.

— Так «чечи» же отходили, товарищ майор! Мы же у них на плечах сидели...

— Ты, кажется, так ничего и не понял! — Комбат устало вздохнул. — Третий год офицерские погоны носишь, а мыслишь, как пацан-«срочник». Что толку в том, что ты у них на плечах сидел, если фланги у тебя открытые? Тебя чему вообще в училище учили-то? Да если бы тебя Иваньков справа не прикрыл, то сегодня бы от твоей роты и воспоминания не осталось. Отсекли бы от батальона и за ночь выжгли бы к едреной матери! Цена твоего геройства — два «двухсотых» в батальоне, пятеро раненых и контуженый Иваньков, который три часа чеченов с твоего правого фланга держал. И он еще обижается...

— Да все я понял, товарищ майор! Пошуметь, но вперед не лезть, — уже виновато и примирительно сказал Никитенко.

— Правильно понял. — Комбат вновь склонился над картой. — «Чечи» при отходе очень любят засады оставлять. Одна часть с шумом отступает, другая в это время за их спиной мешок организует. Наши на плечах первых в него и влетают. К утру «чечи» здесь этот финт могут попробовать провернуть. Знают, что мы будем наступать. А мы попробуем их опередить. Вот здесь... — карандаш вновь уткнулся в карту, — ...они могут засаду устроить. Тут три улицы в одну сходятся, она делает полупетлю вдоль реки. За спиной у них мост и Сунжа, с их стороны девятиэтажки, с нашей — частный сектор. Напоследок они очень даже могут попытаться нас здесь отодрать, как глухонемых свиней. Но мы еще посмотрим — кто кого выдерет.

Если они мешок нам готовят, то сами в нем окажутся. Если просто отводят силы, то проверим этот квартал, и бог даст — успеем мост взять. А там, глядишь, перед ним еще и кого-нибудь прихватим.

Начало выдвижения через два часа. Артиллерия будет работать по запросу...

Радиостанциями не пользоваться. У чечен сканеры. В эфире работаю я один. Отзываться тангентами. Код обычный. И всем приказываю — если встретите жесткую оборону, то в бой не втягиваться. Отходите на исходные. Значит, баба ваша ошиблась или врет. Ты, Андрей, вообще придержи ее до утра. Найди повод. Пусть посидит у нас. И нам спокойнее будет, да и ей нечего ночью собой рисковать...

В полночь роты двинулись вперед. В полной темноте штурмовые группы осторожно сосредоточились у проломов, за которыми недобро чернели развалины домов другой стороны улицы.

Еще днем оттуда бил по нам блуждающий от окна к окну пулеметный расчет и огрызался снайпер.

По-прежнему сыпал крупный дождь, и шум его глушил все звуки. Только где-то в городе вяло перестреливались дежурные расчеты да далеко за городом нестройно ухала артиллерия. Первыми в темноту ушли разведчики. Они серыми тенями скользнули в проломы стен, ведущие в сторону чеченских позиций. Где-то чавкнула под сапогом грязь, глухо стукнул о камень осыпавшийся кирпич, и все смолкло. Потянулись томительные минуты ожидания. Снегов, в китайской «разгрузке» и вылинявшем до песчаной белизны «горнике», из которого торчал затертый ворот рыжего верблюжьего свитера, сидел на корточках за полуразрушенной стеной, отделявшей нас от ставшей линией фронта улицы, то и дело украдкой поглядывал на часы. Хмурился. Время шло, а новостей от разведки все не было. Что там? Может быть, разведчиков заметили, и в руинах, темневших на той стороне улицы, их встретили острые как бритвы кинжалы беспощадных злых бородачей, и сейчас изрезанные тела разведчиков оплывают кровью где-нибудь в ближайшем подвале. На войне нет ничего хуже тишины и неизвестности. Воображение начинает рисовать самые мрачные картины...

Но вот до слуха донеслось едва различимое чавканье грязи. Я подал знак, и все насторожились, ощетинились стволами. Спустя несколько мгновений из серой сырой хмари вычертился темный силуэт человека и тотчас оказался в десятке прицелов. Еще несколько шагов, и в проломе появилось знакомое бледное лицо Шпенева — солдата второго взвода. Одного из наших нештатных разведчиков. Шпенева чаще зовут Дракулой, то ли за необычайно бледную, почти молочную кожу, то ли за его полное презрение к опасности. Парень он совершенно «пробитый». Однажды, рассмотрев в бинокль фирменные кроссовки на ногах убитого на нейтралке боевика, он под огнем чеченского пулеметчика пополз их снимать. И снял! Правда, одну кроссовку на обратном пути порвала пуля, и она пришла в полную негодность.

Шпенев несколько раз уже просил его перевести в разведроту, но наш бывший ротный Иваньков все эти просьбы оставлял без ответа, разумно считая, что такой «пробитый» парень нужен самим. В разведку Шпенев всегда ходит со своим земляком, сержантом Ахундовым по кличке Хунта.

Шпенев нашел глазами Снегова и, подойдя к нему, негромко начал докладывать:

— Товарищ капитан, можно выдвигаться. Чеченов нет. Мы проверили весь дом и прошли еще вперед на два дома. Пусто.

— А что так долго? — спросил ротный, вновь посмотрев на часы.

— Да там чечен старый сидел с радиостанцией.

— Где? — тут же напрягся ротный.

— Тут. Перед нами, на втором этаже. За нашими позициями наблюдал. Его, видимо, оставили наблюдать. Но мы его по сигарете вычислили. Дедок курнуть малек решил. Обнаружил себя. Вот пока подбирались к нему, чуть задержались...

— И что?

— Все нормально, товарищ капитан. Хунта его ножом снял, тот даже и не пискнул.

— Да вы что?! Совсем охренели? У него же рация. Его же хватятся!.. — В голосе ротного зазвучал металл.

— Никак нет, товарищ капитан, — обиженно протянул Шпенев. — Все сделали как надо. Дождались, пока он со своими побазарил. Те ему, видимо, сказали сниматься. Мы его подрезали, когда он уже из комнаты на лестницу выходил.

— Точно? — уже спокойнее переспросил ротный.

— Обижаете, товарищ капитан! — осклабился Шпенев. — Спросите кого угодно — вам скажут. Мы с Хунтой никогда туфту не гоним. Наши сведения хоть в ГРУ отправляй...

— Ладно! — оборвал его Снегов. — Двинулись! Время дорого. Первая группа — вперед! Надеждин, как перескочишь улицу, тут же рассредоточься и прикрой проход остальных...

К четырем утра после бесконечных перебежек, переползаний, томительного лежания среди руин мы вышли к дому, за которым метрах в ста шумела по камням Сунжа. Ватник уже давно промок насквозь, и ледяной дождь, казалось, сыпет прямо по голой спине. Руки от холода превратились в какие-то бесчувственные култышки. Переползая через один из проломов, я наткнулся ладонью на острый край арматуры, торчащей из бетона. Тупая короткая боль почти никак не отозвалась в сознании, и только когда я почувствовал на коже странное тепло, я посмотрел на ладонь. Из глубокой царапины по пальцам бежала кровь, но боли не было. Только тепло растекающейся крови...

За кружку горячего чая я был готов отдать все богатства мира, но чай сейчас был несбыточной мечтой.

Темнота на улице стала потихоньку растворяться, и сквозь нее, словно на негативе, стали проявляться контуры унылого окрестного пейзажа. Темные изломанные силуэты полуразрушенных домов, деревья сквера напротив. С каждой минутой они все гуще наливались предрассветной серостью, все резче прочерчивали свои контуры.

Дом по соседству с нами уже час как оседлала рота, с которой шел комбат. И вот теперь мы торопливо занимали оборону в пятиэтажке, стоявшей в центре небольшой улочки, чтобы успеть к назначенному комбатом сроку. Наконец Снегов доложил комбату о готовности. И через несколько минут со стороны наших бывших позиций густо затрещали выстрелы. Где-то невдалеке ударила артиллерия. В полукилометре от нас, в глубине квартала, который мы обошли, полыхнули разрывы.

Время тут же ускорилось. Минуты побежали как пришпоренные, накладываясь одна на другую. Никитенко «шуманул» как надо. Казалось, целый полк снялся с позиций и наступает на занятый боевиками квартал. Неожиданно рядом со мной ожила радиостанция.

— Третий, ответь Первому! — донесся «изувеченный» эфиром голос комбата. «Третий» — позывной Снегова.

Вместо ответа Снегов трижды нажал тангенту вызова — сигнал того, что он на связи.

— Метео передает — у тебя погода портится! Видимость двадцать пять — тридцать. Смотри пятерку перед собой. Время плюс тридцать!

Снегов нажал тангенту и несколько секунд не отпускал. Сигнал того, что информацию принял. Потом повернулся к нам с Надеждиным:

— Слышали? Разведка доложила, что «чечи» начали отходить к мосту. Отряд до тридцати человек. Минут через тридцать выкатятся на нас со стороны разбитой пятиэтажки.

Надеждин, ты держишь со своими первый этаж. Будь особенно внимательным. Если чеченов зажмем, то им на улице деваться некуда будет — будут прорываться за стены. На тебя попрут. Оборудуй позиции на случай боя в доме. Мы тебя сверху поддержим, но тебя самого они смять не должны. Иначе слоеный пирог получится. До утра их не выкурим. И всем проинструктировать бойцов — огня без приказа не открывать! Довести до каждого «мохра». Ни звука без моей команды! Подпустить «чечей» в упор. Каждому выбрать себе цель. Пулеметчикам — отсекать их от сквера — не дать никому отойти назад. Снайперам — выбивать в первую очередь гранатометчиков. Все!

К бою!

И хотя мы их ждали, но появились чечены неожиданно. Это были опытные воины. Они не пошли по дороге между домами, где их могла бы ждать засада или случайно накрыть артиллерия. Они появились буквально из стен. Осторожные, чуткие. По одному, по двое выбирались на улицу через проломы в домах и тут же в скверике перед домом рассредоточивались, залегали, затаивались. Потом вперед пошла разведка. Трое боевиков. Один с пулеметом. Они одним броском перебежали через улицу и исчезли в среднем подъезде нашей пятиэтажки. Я замер. Неужели обнаружат? Охотничий азарт мгновенно высушил рот, и я судорожно сглотнул. Конечно, боевиков сразу уничтожат, но предупрежденная ими основная группа тотчас отойдет и растворится в домах, и вся с таким трудом выстроенная засада окажется бесполезной...

Но мгновение шло за мгновением, а тишину ничего не нарушило. Неожиданно из подъезда вышел один из чеченов и коротко свистнул. И от земли тотчас начали отделяться серые тени. Боевики бросились через улицу. Их было человек тридцать. Они бежали тремя группами, соблюдая дистанцию между собой, чтобы случайный разрыв снаряда или очередь не могла зацепить две группы сразу. Это были опытные волки!

До казавшихся им спасительными стен остались считаные метры. Уже можно было различить лица бегущих. Бороды, глаза. И здесь Снегов коротко и жестко рявкнул:

— Огонь!

Залп в упор нескольких десятков автоматов и пулеметов был страшен. На каждом боевике сошлись линии нескольких прицелов. Сотни пуль буквально смели группы, распяли их на уличном асфальте, изорвали в клочья. Все было закончено за считаные секунды. Но это были настоящие бойцы! Даже раненные, умирающие, они тянулись к оружию, пытались поднять его, направить в сторону врагов, последним движением нажать на курок. Но выстрелить никто не успел. Через мгновение все было кончено. Стрельба прекратилась.

Только снайпер методично «обходил» тела контрольными пулями да в тишине кто-то из лежащих страшно хрипел в предсмертной агонии, пока щелчок снайперской винтовки не оборвал этот хрип.

Пару минут стояла тишина. Потом Снегов повернулся ко мне и негромко скомандовал:

— Крылов, возьми пять человек. Соберите оружие и хорошенько обыщите трупы. Любые бумажки тащи сюда.

Я забросил автомат на плече:

— Все понял, сделаем!

— И осторожнее там! — уже в спину бросил ротный. — Пока в башке дыру пулей не просверлишь, к телу не подходи.

Ротный как в воду глядел!

Всегда удивлялся живучести чеченов! Вот же воля к жизни! Иногда по шесть пуль в нем сидит, а он все отстреливается. Железный народ!..

В группе, которая перебегала крайней справа, один из боевиков получил несколько пуль в живот и грудь, но остался в живых. А пуля снайпера, «обходившего» уже «забитых» чеченов, видимо, прошла вскользь. Чечен смог как-то незаметно вытащить из кармана «разгрузки» «лимонку» и теперь, лежа ничком в луже собственной крови, сжимал под собой гранату, чтобы хоть напоследок прихватить на тот свет пару наших.

Его выдало простреленное легкое.

Обыскивая одного из убитых боевиков рядом с раненым чеченом, Шпенев услышал свистящий клекот выдоха и с криком: «Здесь живой!» — тотчас растянулся на асфальте, прикрывшись, как щитом, мертвым телом.

Поняв, что он обнаружен, боевик из последних сил приподнялся над асфальтом.

— Аллах акбар! — услышал я, падая на асфальт, хриплый выкрик и краем глаза еще успел разглядеть поднятую для броска руку. Но на половине замаха сразу несколько пуль распяли чечена не асфальте. Одна из них, видимо, перебила руку с гранатой, потому что тяжелая чугунная ребристая картофелина упала прямо у уже мертвой головы боевика.

Оглушительно громко щелкнул сработавший запал.

«И раз, и два...» — тут же механически начал я отсчитывать секунды до взрыва, вжимаясь в асфальт под боком здорового мертвого боевика, чья рыжая борода, пахнущая какой-то не то восточной пряностью, не то дорогим одеколоном, почти уткнулась мне в лицо. «...Повезет, не повезет?»

...«Лимонка» — страшная штука. Как косой выкашивает все вокруг себя на добрых тридцать метров, а достать может и на ста.

Через долю секунды после счета «три» по ушам страшно ахнул взрыв. Я мгновенно оглох и оказался придавленным мертвым чеченом, которого взрывная волна перебросила на меня.

Нам повезло. Все уцелели. Только осколком был ранен в ногу вечный напарник Шпенева Хунта, да я до вечера не мог избавиться от противного звона в ушах...

...Когда мы уже заканчивали обыск убитых, со стороны Сунжи донеслась частая стрельба, которую вскоре перекрыл мощный взрыв. Вернувшись в пятиэтажку, мы узнали, что взять мост с ходу нам так и не удалось. Как только наши вышли к мосту, чечены открыли плотный огонь и почти сразу взорвали мост.

У Снегова нас ждал сюрприз. В углу испуганно и зло таращился на нас связанный боевик.

— Откуда «чеч»? — удивился я.

— Из разведки, которая пошла дом наш проверять, — усмехнулся Снегов. — Двоих Надеждин со своими сразу прирезал. А этого скрутили и предложили на выбор — на ноже оказаться или своим сигнал подать, что путь свободен. Брателло выбрал жизнь. Новое поколение выбирает пепси.

Молодец Надеждин! Растет!

— Ну, показывай трофеи...

С рассветом к нам подтянулась боевая техника и тылы батальона. Справа и слева к берегу Сунжи вышли соседи.

После подхода тылов мы понесли комбату трофеи и собранные у убитых документы. Правда, тащили мы не все. У одного из боевиков, видимо командира группы, на поясе болтался настоящий, наверное еще с революции, «маузер» в деревянной кобуре. Пистолет явно побывал в руках кубачинских мастеров. Весь в золотой и серебряной насечке с рукояткой из дорого дерева, инкрустированного золотой финифтью, он был настоящим произведением искусства. «Маузер» забрал себе Снегов. Конечно, это было не совсем по уставу, но как ни крути — именно он командовал засадой. И потому, по негласному правилу войны, лучший трофей был его. У меня в кармане лежала затейливо расшитая арабской вязью головная повязка одного из боевиков и каменные четки с арабскими буквами на каждом камешке. Конечно, кое-что осело и у других бойцов. В роте стразу прибавилось «разгрузников», ножей, перчаток. Шпенев, отжав кровь, запихал в вещь-мешок теплую камуфлированную куртку.

— Потом отстираю, заштопаю. Отличный куртяк! Не то что наши ватники... — буркнул он, почти оправдываясь, столкнувшись со мной глазами.

Но и без «маузера» пятнадцать автоматов, четыре «пэкаэма», три «снайперки», четыре «граника» и целая гора боеприпасов, которые тащили на себе «чечи», впечатляли и тянули не на один орден для роты...

— Хорошую стаю забили. Опытные волчары были, — сказал комбат, отложив в сторону пропитанное липкой высыхающей кровью удостоверение одного из боевиков. — По документам, из полка специального назначения «Борз». Крутые были «чечи». Надо вашу женщину к награде представлять! Отличную информацию дала. Как думаешь, Андрей?

— Получается, что так, — развел руками Снегов. — Только вот непонятно, кого они в засаде ждали до того, как их Никитенко пугнул.

— Андрей, да ты никак ревнуешь? — усмехнулся сухости Снегова Шишов. — Твое, — комбат кивнул на груду трофейного оружия, — при тебе останется. Ты их забил. Тебе и слава! А тетка эта молодец. Информацию точную сдала. Пригласи ее ко мне...

Но в батальоне Монетки уже не было. Оказалось, что под утро, когда начался бой, она упросила Ломова отпустить ее домой.

— Как стрельбу услышала, так стала проситься. Сказала, сын дома один. Плакала... — оправдывался Ломов. — Ну не буду же я ее силой держать. Сказала, что обязательно днем вернется.

Но днем Монетка так у нас и не появилась...

Вечером на фланге у нас поставили морпехов, только-только переброшенных сюда с Севера.

Их комбат, невысокий смуглолицый не то казах, не то башкир, пришел к нам уточнить вопросы по взаимодействию. С ним пришли еще двое офицеров и человек пять бойцов охраны. Мы с любопытством разглядывали их новые камуфляжи. На фоне нашей одноцветной линялой, драной, грязной «мабуты», самодельных «разгрузок» и старых обтрепанных «броников» морпехи в своих новых камуфляжах и штатных «разгрузниках» выглядели настоящими красавчиками.

— Солдаты у вас ничего. Внушительные! — не выдержал, похвалил выправку морпехов Снегов. — Бойцы!

— У нас не солдаты. У нас матросы... — почти

механически и, видимо, уже привычно поправил ротного комбат морпехов. — А бойцы из них пока никакие. Половина народа просто с кораблей снято.

— Не понял? — удивился Снегов. — Это как это, с кораблей?

— Да очень даже просто. Еще месяц назад во всей бригаде не то что батальона, ни одной роты хотя бы наполовину укомплектованной не было. А тут срочный приказ: готовить усиленный батальон в Чечню. Начальство быстро выход нашло. Флот все равно у стенки стоит. Вот и доукомплектовывали бригаду матросиками с кораблей. Точно как в сорок первом году. С кораблей — в окопы!

— Так они у вас хоть стрелять-то умеют? — уже иронично посмотрел на стоявшую у входа охрану Снегов.

— Обижаешь! — осклабился морпех. — Мы за этот месяц их поднатаскали. Все упражнения отстреляли. Гранаты откидали. Механиков-водителей обкатали. Конечно, они не Рэмбо, но и не пушечное мясо. К тому же гонор у ребят есть, форс. Морская пехота! С тактикой вот только слабовато. Офицеров с боевым опытом почти не осталось. В батальоне я один, кто войну видел. Шесть лет назад Афган чуток зацепил. Остальные офицеры молодежь. Их самих учить еще и учить.

— Ну, здесь чечены вас быстро научат, — хмыкнул Снегов.

— Ладно! — недовольный колкостью ротного, обрезал разговор морпех. — Как к вашему комбату пройти? Надо обговорить взаимодействие...

После ухода морпехов Снегов сердито достал из кармана «разгрузки» мятую пачку сигарет. Выбил из нее одну, чиркнул зажигалкой, поймал белым краем сигареты рыжий язычок огня. Молча глубоко затянулся. Медленно выдохнул из ноздрей дым.

— Чудны дела твои, господи! — наконец устало и опустошенно сказал он куда-то в пустоту. — До чего наша славная армия докатилась за четыре года демократии! Целым округом полк на войну собираем — собрать не можем. Матросов с кораблей автоматами вооружаем и в пехоту суем! Дореформировались. Такую страну просераем...

Комбат морпехов сказал правду. Гонору у них хватало. На следующую ночь батальон морпехов одним броском переправился через Сунжу. Несмотря на ударивший ночью мороз, морпехи просто перешли реку вброд по натянутым леерам, которые за собой перетащила переправившаяся туда разведка. И с рассветом они уже чистили окопы на правом берегу. Сонные боевики, никак не ожидавшие от русских такой прыти, в панике отступили в глубь квартала, бросив хорошо оборудованные позиции по берегу. Во время этого броска морпехи не потеряли ни одного человека.

Но на этом везение «морпехов» кончилось. На следующий день одна их рота по непонятной причине вдруг двинулась вперед и влетела в засаду, была окружена. С огромным трудом морпехи смогли пробиться обратно. В бою потеряли десять человек убитыми, двенадцать ранеными и пятерых пропавшими без вести. А на следующий день к нам опять пришла Монетка...

Но это была уже совершенно другая женщина.

Когда солдаты привели ее к нам, я даже не сразу узнал ее. Думал, привели какую-то старуху. Вместо моложавой, бойкой бабы передо мной стояла пожилая бомжиха. Ее одежда превратилась в грязное рваное тряпье, и сама она в синяках, с всклокоченными, нечесаными волосами была какой-то полусумасшедшей, опустившейся.

— Нинель Григорьевна, что случилось? — бросился к ней Надеждин.

Она пусто, невидяще посмотрела на него, что-то шепча про себя сухими в запекшейся крови и грязи губами.

— Что с вами? — Он осторожно тронул ее за плечо. — Эй, вы слышите меня?

От его касания ее вдруг передернуло, как от удара током. Она словно очнулась и уже осмысленно посмотрела на лейтенанта. Вдруг в ее глазах загорелось какое-то ожесточенное отчаяние. Неожиданно она схватила его за руку и размеренным, безжизненным, как у механической куклы, голосом произнесла:

— Расстреляйте меня! Я вас всех предала!

Надеждин растерянно заморгал глазами.

— Что? Какое предательство? Что произошло? — Он попытался было усадить ее в старое кресло у стола, но она вдруг зло оттолкнула его и, повернувшись к Снегову, уже почти с ненавистью выкрикнула:

— Что вам не понятно? Да, предала! Вас всех предала! Это я ваших морских пехотинцев в засаду завела! И вас пыталась, да не вышло...

И здесь в ней словно что-то сломалось. Ее лицо вмиг увяло, и она, закрыв лицо руками, мешком рухнула на колени и страшно, по-звериному завыла. Несколько мгновений никто не мог прийти в себя. Первым очнулся Снегов. Он подхватил ее под мышки, одним рывком поднял с земли, усадил в кресло.

— Ломов, воды! — рявкнул он остолбеневшему каптеру.

Командирский рык мгновенно вывел каптера из оцепенения, и тот метнулся к бачку с водой, стоявшему в углу. Зачерпнул мятой алюминиевой кружкой воду и подскочил к ротному. Снегов взял протянутую кружку и, с силой разведя руки, которыми Монетка закрывала лицо, почти всунул край кружки ей в губы.

— Пей! — спокойно и жестко сказал он, наклонив кружку так, что вода перелилась через край, прижатый к губам, и побежала по подбородку за ворот грязной кофты.

Монетка судорожно, инстинктивно глотнула воду, но тут же подавилась, закашлялась. Снегов отвел руку в сторону и, дождавшись, пока она прокашляется, вновь сунул кружку ей в руки:

— Пей, говорю!

На это раз Монетка уже сама взяла кружку и жадно выпила ее до самого дна. Потом медленно поставила ее на стол и тяжелым, мутным взглядом обвела стоявших вокруг нее офицеров.

— А теперь рассказывай! — Снегов сел на скамейку перед столом и, взяв со стола сигареты, закурил.

В глазах Монетки появилась осмысленность, и она, словно вспомнив что-то, буквально впилась взглядом в Снегова, но он выдержал ее долгий взгляд.

— ...Игорек и Юра, — произнесла она наконец еле слышно.

— Что? — переспросил Снегов.

— Огонек и Дрема, — так же тихо почти прошептала она.

— Кто это? — спросил Снегов.

— Сыночки мои, — почти неслышно выдохнула Монетка. — Игорек и Юра. Кровиночки. Мои мальчики.

— Что с ними случилось?

Монетка долго молчала, шевеля беззвучно губами, словно пыталась найти слова. Наконец произнесла:

— Нету их больше. Убили... — И губы ее снова задрожали как в лихорадке, а лицо перекосила судорога боли.

— Как убили? — не выдержал я. — Обоих? Но ты же сказала, что один сын на Севере, на флоте служит.

— Вчера убили. — Монетка схватилась пальцами за виски, словно старалась избавиться от головной боли.

— Где убили? На Севере? — переспросил Снегов.

— Нет. Здесь. На Спокойной. Я его убила. И Юру тоже. — Монетка мертвенно и страшно посмотрела на меня, словно зачитывала приговор.

— Так, хватит загадок! — жестко обрезал Снегов. — Давай толком объясняй, что случилось? Где твои сыновья? — Он загасил окурок, тут же прикурил следующую сигарету. — Как твой старший оказался здесь, если он служит на Севере?

— Меня чечены к вам послали, чтобы я вас в засаду завела, — неожиданно спокойно и четко сказала Монетка. — Они пришли ночью. Сначала искали еду. Потом увидели Юру. Он в постели лежал. Старший спросил, почему он не воюет. Почему, мол, не защищает свой город от захватчиков. Я начала объяснять, что он еще маленький, что он школьник, но тут Юра вдруг сказал, что против своих воевать не может.

Просила я его, умоляла молчать, не разговаривать с чеченами. А он всегда был гордый. Никогда не молчал. Сколько его за это чечената били на улице...

«Это кто у тебя «свои»?» — спросил старший. Юра ответил, что свои — это русские. Тогда чечен саданул сапогом по кровати и крикнул, чтобы Юра вставал и шел с ними. Я в коленях у этого боевика валялась, просила не уводить сына. Говорила, что он болеет. Что ему всего шестнадцать, что он музыкант и оружие сроду в руках не держал. Кольцо последнее свое золотое отдала. Но они все равно увели его.

Утром побежала к ним в штаб. Я знала Ваху Магомадова. Я с его матерью раньше работала. Дружили мы с ней раньше. Ваха какой-то шишкой стал у боевиков. Весь в оружии ходил. Еле к нему пробилась. Долго объясняла, кто я и зачем пришла. Он сначала вообще не хотел разговаривать. Но я его упросила, и он пошел куда-то узнавать о Юре. Вернулся. Сказал, что Юра жив. Но вытащить его он не сможет. Что его задержал патруль за то, что тот занимался вражеской пропагандой. А сейчас война и за такое могут расстрелять. Я плакать начала, объяснять, как было дело. В это время в кабинет зашел еще один чечен. Высокий, рыжебородый. Послушал меня, а потом сказал, что он может мне помочь. Но сначала, сказал, я должна помочь им...

Можно сигарету? — вдруг попросила она Снегова.

Тот молча протянул ей пачку. Монетка дрожащими пальцами достала сигарету. Ротный чиркнул зажигалкой и поднес ей огонек. Она закурила. Несколько раз глубоко затянулась и наконец опять заговорила:

— Второй чечен сказал, что Юра сидит в комендатуре во дворе их штаба. Что с ним все нормально. Но рапорт патруля очень плохой, и доказать, что Юра не агитировал против ихней Ичкерии, будет очень сложно. Но если я смогу сделать то, что они скажут, то Юру просто отпустят. Я сказала, что согласна на все.

Тогда рыжий вызвал Ваху в коридор. Долго они там о чем-то говорили, спорили. Потом вернулись. Ваха подвел меня к карте на столе.

«Вот здесь стоят русские, — показал он место, где вы тогда стояли. — Если хочешь спасти сына, то ты должна пойти к ним и привести их туда, куда мы скажем...» — Монетка замолчала и вновь затянулась сигаретой. В подвале повисла тишина.

— И ты пошла? — наконец не выдержал Снегов.

— Я отказывалась, — мотнула головой Монетка. — Сказала, что русские мне не поверят. Что они теперь никому не верят. И что из этого ничего не получится. Но второй, его Асламбек зовут, сказал, что они сделают так, чтобы вы поверили. И что у него нет времени меня уговаривать. Мол, если хочешь спасти сына — то соглашайся, а нет — уматывай. Он собрался уходить. И я согласилась. Я хотела только одного — спасти Юру...

Ваха вызвал какого-то боевика, и они с ним

долго что-то обсуждали у карты. Потом он подозвал меня и сказал, что мое первое задание — это пойти с этим боевиком к линии фронта и хорошенько запомнить, где он поставит мины. Потом боевик выведет меня к вам, и я должна показать вам, где их поставили. Ваха сказал, что это поможет мне войти к вам в доверие. И я пошла...

Сначала вот он... — Монетка кивнула на меня — ...не поверил. Но потом пошел с солдатами проверять. Мины нашли. И ночью я вернулась к Вахе. Рассказала, что все сделала. Они приказали показать на карте, где ваш штаб. В каком дворе я с вами разговаривала. Я показала. Просила его устроить свидание с сыном. Но Асламбек сказал, что это невозможно. В тюрьму чужих не пускают, но он ему от моего имени отнесет печенье. И что скоро все кончится. Юру выпустят. Приказал прийти утром.

Утром они меня ждали втроем. Ваха, Асламбек и тот, третий. Сказали, что теперь все зависит только от меня. Если сделаю сегодня дело — к вечеру сын будет дома, что денег дадут и помогут из Грозного уехать, куда захочу. Потом подвели меня к карте и показали место, куда я должна была вывести ваших. Рассказали, как вас туда заманить. Про мост, про то, что чечены отходят. Я как в тумане была. Ничего не чувствовала. Одна только мысль сидела в голове — Юра, Юрочка...

А дальше вы лучше меня знаете... — Монетка опять замолчала.

— Что мы знаем? — переспросил Снегов. — Давай рассказывай все до конца.

— А что рассказывать? — горестно вздохнула Монетка. — Будто не помните? Пришла к вам. Рассказала. Вы меня оставили с вашим солдатом, а сами ушли. Я думала, что вы поверили и пойдете со мной. И солдат ваш так же говорил. Хвалил меня. Но вы пошли сами. Я как стрельбу утром услышала — все сразу поняла. Еле вырвалась. Добралась до штаба Вахи. Он вышел злой как черт. Сбил меня с ног. Избил ногами. Кричал, что я ничего не сделала, что ночью русские прошли к ним в тыл и погибли его люди. Что погиб тот, третий чечен, который мины ставил. Называл меня грязно. Я в ногах у него валялась, клялась, что все сделала, как он приказал. Просто мне не поверили. Что сегодня еще раз пойду, только уже к другим. Он меня не слушал. Хотел пристрелить. Пистолет достал. Но тут из дома вышел второй, с рыжей бородой — Асламбек, и остановил его. Они даже поругались между собой. Ваха кричал, что меня надо прикончить, но второй говорил, что нужно продолжать пробовать. В конце концов Ваха плюнул на меня и ушел, а второй приказал встать и идти за ним. Он привел меня в свой кабинет. Дал чаю. Я только одно спросила — жив ли Юрик? Рыжебородый сказал, что жив. И что он, как мужчина, свое слово держит. Но терпение его заканчивается. К тому же фронт все ближе, и когда он подойдет к тюрьме, всех заключенных расстреляют. И это будет со дня на день. Времени, мол, мало осталось. Я просто с ума сошла. Плакала, умоляла. Он сказал мне прийти утром. Я домой не пошла. Всю ночь просидела в каком-то разбитом подвале у их штаба. Все боялась, что арестованных ночью погонят на расстрел. С шести утра под его окнами стояла. Часов в восемь меня привели к нему. Он был ужасно злой. Ночью ваши через Сунжу переправились, и у чеченов был переполох. Асламбек сказал, что это мой последний шанс. Что он на свой страх и риск выставит своих людей. Но если я до часу дня не приведу русских на улицу, где они будут сидеть, то о сыне могу забыть навсегда.

Я не помню, как добралась до позиций, где сидели ваши. Помню только командира ихнего молоденького. Я ему рассказала, что знаю, где здесь рядом у чеченов большой склад с оружием и где они пленных держат. Он сразу поверил. Я сказала, что провожу, но он разрешил мне идти с ними только до начала улицы, где их ждали. Там он отправил меня домой. Сказал, что мне нельзя рисковать...

Я бросилась к Асламбеку. По дороге услышала стрельбу со Спокойной...

Пришла к их штабу. Привели меня к Асламбеку. Тот сидел довольный. По рации, которая стояла на столе, ему все время докладывали о том, как бьют русских. Я начала просить за сына, но он только отмахнулся, мол, не до того. Потом, когда все закончится...

Только под вечер бой закончился. Вернулись боевики. Принесли много оружия и документы убитых. Их высыпали перед ним на столе. Он начал их смотреть. А одна солдатская книжка словно сама ко мне под самые руки вспорхнула... —

Тут голос Монетки опять задрожал, но она силой сжала кулаки и, справившись с подкатившим к горлу комом, продолжила: — Я взяла книжечку. Открыла. И все перед глазами закружилось. Думала, прямо там в обморок упаду. На фотографии-то Игорек мой. В матросской форме. Пытаюсь прочесть. Не могу — буквы прыгают, слова не складываются... — По щекам Монетки густо побежали слезы, но она словно бы и не замечала их. — Как я удержалась тогда — не знаю. Знала только, что должна молчать. Что, если скажу хоть слово, выдам себя — точно убьют Юрочку. Чечены пощады не знают. Они не простят, что его брат против них воевал. Даже если погиб, все равно не простят. Одна мысль билась в голове — хоть Юрочку спасти...

Сколько сидела — не помню. Все вокруг как в тумане. Перед глазами кружится. В ушах шум. Наконец собралась с силами, говорю: «Асламбек, я свое дело сделала. Сдержи и ты свое слово — верни сына!» Он посмотрел на меня, потом встал из-за стола, говорит: «Хорошо! Пойдем!» Вывел меня во двор ихнего штаба. Прошли в угол двора, там вход в бывшее школьное бомбоубежище. Я еще школьницей была, нас учили там от атомной бомбы прятаться. Подвел к нему. Дверь стальную открыл — иди, говорит, ищи! Я еще удивилась, почему никто тюрьму не охраняет. Зашла. Прошла в убежище. Видно, там у них помещение для допросов было. Лампочка одна под потолком горит. Тусклая. Почти ничего не видно. И дух тяжелый такой. Столы стоят. Тряпки всякие. К стенам какие-то цепи приварены. И пусто. Никого. Я звать начала. Никто не отзывается. Потом вспомнила, что там еще несколько помещений было. Умывальник, медпункт. Пошла по коридору. И за первой же дверью я Юру и нашла. Их пятеро в камере было. Четверо взрослых мужиков и он. Он с самого края лежал. Я его по свитеру красному узнала. Сразу поняла — мертвый он. Как вытащила его из этого убежища — не помню. Помню, что только все старалась осторожнее по лестнице тащить, чтобы ноги не сильно по ступенькам бились. Окоченел он уже давно. А на свету вижу — и пятнами серыми пошел. Давно убили они его. Наверное, еще в первую ночь. Застрелили в голову...

Склонилась над ним. Глажу по лицу. А сволочь эта рыжебородая рядом стоит. Я ему говорю: «Как же так? Ты же обещал. Слово мужское мне давал?» А он мне в ответ так спокойненько: «С вами, русскими, никакие слова не действуют. Вы все собаки! И с вами как собаками надо обращаться...»

Бросилась я на него. Одного хотела — до глотки его добраться. Зубами вцепиться, порвать и сдохнуть там же. Да он, гад, видно, почувствовал это. Или специально меня доводил. Отскочил в сторону и сапогом меня. А ту еще чечены подскочили.

Сколько они меня били — не помню, сознание я потеряла. А пришла в себя — Ваха надо мной стоит. Он своих боевиков разогнал. Наорал на них. Дождался, пока я на ноги встану. Посмотрел на меня и говорит: «Жаль, я тебя вчера не пристрелил! Не мучилась бы так сегодня».

А я зуб выбитый выплюнула ему под ноги и говорю: «Ну так пристрели, гад, если ты такой добрый! Сделай милость. Мне теперь все равно...»

Он покривился. Расстегнул кобуру на поясе, но потом опять застегнул.

«Живи! — говорит. — Ты свою жизнь у нас выкупила. Уматывай отсюда. Завтра приходи. Нас здесь уже не будет. Сына похоронишь. Держи вот, на похороны!» — и сунул мне за шиворот деньги...

Потом взял меня за воротник, дотащил до ворот и вытолкнул на улицу.

«Уходи! А то сына некому хоронить будет...»

Монетка рукавом пальто утерла слезы.

— Вот так я сыночков своих и потеряла! — уже буднично, почти спокойно закончила она. — Всех предала. Расстреляйте меня!

...Потрясенные рассказом, мы долго молчали. Наконец Снегов встал из-за стола. Повернулся ко мне:

— Крылов. — В голосе ротного я впервые за эти дни услышал растерянность. — Отведи женщину в бытовку. Поставь у дверей часового. Пусть глаз с нее не спускает. Бойцам ни слова. Часового лично проинструктируй. Придумай что-нибудь. Но чтобы язык за зубами держал. И проверь посты. А мы тут покумекаем, что дальше с ней делать...

Когда я вернулся, в нашем подвале сидел комбат, и Надеждин, вытянувшись перед Шишковым как школьник на уроке, докладывал:

— Морпехи подтвердили. Был у них старшина второй статьи Игорь Монетка. Добровольцем вызвался в Чечню. Мол, местный, город отлично знает. Он у них замкомвзвода разведки был. Вчера погиб. Пробивал коридор для окруженной роты, да сам с отделением под пулемет попал. Тело вынесли с поля боя только сегодня утром. Они спросили, почему мы интересуемся. Я сказал, что его документы местные жители нашли. Не стал им про мать рассказывать...

...Монетка идет впереди меня метрах в трех.

Собственно говоря, мы уже пришли. Глухой тупик какого-то двора упирается в полуобваленную кирпичную стену. За ней какие-то частные дома. У одного ее края воронка от снаряда. Даже могилу копать не надо.

— Стой!

Услышав команду, она замирает, как от удара, испуганно втягивая голову в плечи:

— Погоди немного! Молитву можно прочитать?

— Читай, если хочешь.

Несколько секунд она стоит, замерев, как манекен, наконец собирается с силами.

— Господи, как же она начинается? Иже еси на небесех...

Я смотрю на ее спину. Где-то неподалеку ахает

разрыв мины. Вздрагивает под ногами земля. Монетка инстинктивно вжимает голову в плечи.

Что этой бредовой войне эта женщина с ее мертвыми сыновьями? Не первая и не последняя жертва. Зачерстветь бы пора, укрыть душу за спасительной коростой бесчувствия, да все не выходит. Вот и сейчас стою и думаю об этой женщине.

Что сейчас творится в ее душе? Действительно она ждет встречи с сыновьями и молитвой хочет облегчить свои последние мгновения или по великому инстинкту жизни пытается растянуть эти секунды. Кто знает...

Комбат не стал докладывать в штаб полка о Монетке. Что докладывать — и так все ясно. Погибших не вернешь. Отправлять ее некуда. Ни тюрьмы, ни судей, ни прокуроров, ни адвокатов в этом распадающемся, гниющем заживо городе нет. Мы все здесь и судьи, и подсудимые. Каждого из нас ждет свой суд.

— ...Ныне присно и во веки веков! Аминь! — Она замолкает и напряженно замирает, ожидая конца.

— Все? — спрашиваю я ее.

— Все... — чуть помедлив, отвечает она. — Можешь стрелять.

Могу. Но приказ был другой.

Рано утром меня разбудил посыльный. Ротный приказал прибыть к нему.

Честно говоря, я не люблю, когда вот так поднимают. Не к добру это обычно. К тому же сразу понял, по какому поводу меня вызывает Снегов. Монетка у нас осталась под охраной. И ничего хорошего от этого вызова я не ждал. Думал, сейчас прикажут в расход ее вывести.

Так уж сложилось, что в роте я этим занимаюсь, как самый старший по возрасту. Есть еще, правда, Золотарев, он даже старше меня на год, но тот сразу наотрез отказался. Мол, его дело «бэха». Офицерам не положено. У них честь... «Срочников» на такое дело тоже не пошлешь. Тут надо нервы иметь. А я что — прапорщик...

Пока шел, даже посчитать успел, что четвертой она у меня будет...

«Отведи ее...» — Для непосвященных — обычная, ничего не значащая фраза. Но на языке этой войны — приговор окончательный и обжалованию не подлежащий. И жизни после него — до ближайшей ямы...

Но Снегов был неожиданно многословен:

— В общем, так, Крылов, пока бойцы спят, забирай женщину, выведи ее подальше из расположения, и пусть идет на все четыре стороны! Да, и скажи ей, что тело старшего сына в Моздок вывезли. Там он сейчас...

Я даже удивился:

— Отпустить? Она же наших в засаду затащила. Ее судить надо...

— И кто ее будет судить? — вдруг вызверился

ротный. — Ты, что ли? Или я? Или, может, ее в Москву в наручниках отправить? К Ельцину в Кремль. Она сама себя уже осудила. Навечно. Все! Кончай базар и выполняй приказ! Чтоб через десять минут ее здесь не было...

Так что про «стрелять» мне ротный ничего не говорил.

— Уходи!

Она медленно поворачивается ко мне.

Белое бледное лицо.

— Я хочу умереть.

— Извини. Это не ко мне. Ищи свою смерть в другом месте.

— Но тебе же приказали меня расстрелять! — растерянно шепчет она.

— Мне приказали вывести тебя из расположения батальона и отпустить. И я приказ выполнил. Давай уматывай на все четыре стороны! — Я нарочно говорю грубо. Не хочу долго объясняться. Я смотрю на нее, и странная смесь чувств бродит в душе. Жалость, презрение, злость на самого себя. Почему мне всегда достается самая грязная работа? А еще мне почему-то стыдно. Словно я виноват в том, что сыновья ее мертвы. Может быть, и виноват! Не влезь мы в этот город, может, все по-другому было. Только что теперь гадать...

Монетка молча смотрит на меня, и я не выдерживаю ее взгляда, отвожу глаза. Потом она отворачивается и, ссутулившись, бредет к пролому в стене, и я вижу, как страшно постарела она за эти сутки. Старуха...

— Подожди! — Я вдруг вспоминаю слова ротного. Она останавливается, но не оборачивается. — Это... в общем, сына твоего старшего отправили в Моздок. Там морг. В Моздок добирайся.

Услышав про сына, она замирает и несколько секунд стоит неподвижно, как манекен. А потом вдруг как кукла — неуклюже, медленно и мертвенно бредет к пролому.

— Огонек, Дрема... — доносится до меня ее незнакомый неожиданно мягкий, ласковый голос. — Пора вставать! В школу опоздаете...

КАЙСЯКУ [1]

«...Путь самурая — это прежде всего понимание того, что ты не знаешь, что может случиться с тобой в следующий миг. Победа и поражение часто зависят от случайных обстоятельств.

Добиваться цели нужно даже в том случае, если знаешь, что обречен на поражение. Для этого не нужна ни мудрость, ни искусство.

Но в любом случае избежать позора нетрудно — для этого достаточно умереть...»

Хагакурэ.
Сокрытое в листве

... В тот день я вдруг понял, что с этой войны он не вернется. Не могу объяснить почему. Это было как видение, как вспышка, как чей-то голос за спиной. Может быть, мне это сказала та ворона...

---

[1] Кайсяку *(яп.)* — помощник при харакири, который наносит «удар милости», отрубая голову исполняющему обряд самураю.

...Господи! Как же голова болит! Я последние две недели почти не сплю. Забудусь на пару часов, а потом вскакиваю. Виски — словно обручами стягивает. А врач говорит, что все нормально. Мол, обычные последствия контузии. Пройдет со временем. Но мне от этого не легче. Анальгин жру упаковками — не помогает.

...Та ворона. Она еще что-то сказала. Что-то важное, но я забыл. После взрыва часть меня словно стерли. Иногда во сне, вдруг, забываю, кто я и как меня зовут. Вскакиваю как ошпаренный — в полном ужасе. Не соображаю, где нахожусь.

...Я готовился запускаться, когда увидел, как ворона бросилась ему на блистр.

До сих пор не пойму, что меня тогда испугало. Ну, птица и птица. Мало ли что бывает. В авиации столкновение с птицей не такая уж редкая вещь. Для «реактивщиков» сезонная миграция птиц — это вообще один из факторов аварийности.

Не приведи бог реактивному самолету поймать ее в сопло движка. Это все равно что схватить осколок от зенитной ракеты. Сто процентов, что повредит лопатки компрессора первой ступени. А дальше мгновенное разрушение компрессора, повреждение камеры сгорания, пожар, помпаж, взрыв. И только ручки катапульты спасут тебя от досрочной встречи с создателем.

Но это у «реактивщиков». А для нас — разве что со страусом опасно столкнуться. И то только потому, что остекление может пробить. А так — ничего.

Но эта ворона словно специально ждала, когда Калинин займет свое кресло и запустит движок. Она САМА бросилась на остекление кабины. Я видел это. Стремительная черная тень, метнувшаяся из мутной дождливой хмари, впечаталась в стекло прямо напротив его лица. Мне даже показалось, что я услышал шлепок удара. На мгновение птица распласталась на стекле, вдруг превратившись в какой-то хищный черный иероглиф. И потом, словно исполнив некий приказ, выполнив свою миссию, бесформенным комком соскользнула под кабину. Черной тряпкой упала на бетон. И тут же исчезла, сметенная ветром из-под винта. И я вдруг понял, что с этой войны он не вернется. И еще успел подумать, что птицы в дождь не летают...

Я потом специально ходил по краю полосы, искал эту ворону. Технарей расспрашивал. Но никто ее не видел. Исчезла, словно бы ее и не было. Может, сдуло куда-то винтами.

«...Попав под дождь, ты можешь извлечь из этого полезный урок. Если дождь начинается неожиданно, ты не хочешь намокнуть и поэтому бежишь по улице к своему дому. Но, добежав до дома, ты замечаешь, что все равно промок. Если же ты с

самого начала решил не ускорять шаг, ты промокнешь, но зато не будешь суетиться. Так же нужно действовать в других схожих обстоятельствах...»

Хагакурэ.
Сокрытое в листве

...В тот день он упал первый раз.

Задание было простым — доставить командующего на «капэ» группировки «Север». Мы взлетели в десять утра. Я с ведомым нарезал «змейку» над «восьмеркой» Калинина, прикрывая его от удара с земли.

Долетели без происшествий. Штаб стоял на склоне горы под Бамутом. Пока командующий был на совещании, мы находились на борту. В любой момент нас могли поднять на «бэшэу» — бомбоштурмовой удар, но запросов все не было. Авианаводчик сказал, что в районе передовой видимость из-за тумана практически нулевая и потому работает только артиллерия. Проясниться должно было только к обеду. И точно, после часа сырая серая хмарь осела и проявилось вялое осеннее солнце.

Пообедали у артиллеристов, их «столовая» палатка оказалась совсем рядом с площадкой приземления. Потом подремали.

А генерала все не было. К вечеру от подножия к вершине опять пополз туман. Метео передало предупреждение о том, что температура опускается и возможно обледенение. Видимость упала до ста метров. На термометре было уже плюс четыре — самое милое дело для образования льда. Надо было стартовать, но командующий все не появлялся...

...Вообще, отношение сухопутных генералов к вертолету такое же, как к личному «уазику» — сел и поехал. Им почти невозможно объяснить, что вертолет — это сложный летательный аппарат и полеты на нем требуют не только «шоферского» мастерства, но и еще целую кучу условий. Летной погоды, знания района полетов, навигации. Генералы не понимают, что даже самый лучший летчик может совершить аварию, если его будут использовать, как в сказке про Иванушку-дурачка: «Лети туда — не знаю куда!».

Генералу это не объяснишь. Он живет в другом мире. Там полки и дивизии, всегда готовы выполнить его волю, наступать, громить, зачищать. И мы точно так же должны быть в немедленной готовности к полету.

С этим бесполезно бороться. Остается только мириться, терпеть и надеяться, что все обойдется...

Солнце уже коснулось поднимающегося из ущелья тумана, и тени налились мертвенной вечерней синевой, когда к борту наконец подбежал авианаводчик и, задыхаясь после бега, бросил долгожданное: «Запускайтесь!» А еще через пару минут мы увидели, как от штабной палатки к «восьмерке» Калинина направилась группа военных, среди которых без труда угадывалась невысокая плотная фигура командующего. Пока движок набирал обороты и шла обычная предстартовая подготовка, командующий еще что-то обсуждал с провожающими его генералами. За его спиной на борт спешно грузилась охрана и «свита». В это время от крайних палаток, пригибаясь от ветра, к борту засеменили несколько человек в гражданском. По болтающимся за плечами треногам, тяжелым сумкам и характерным «раструбам» камер я понял, что это какие-то журналисты. Один из них подошел к командующему и о чем-то с ним заговорил. Тот что-то ответил, махнув рукой в сторону «вертушки». Журналист, неуклюже скользя по липкой жирной грязи, побежал к борту, остановился у форточки командира и что-то прокричал Калинину. Тот что-то крикнул ему в ответ. И журналист, обернувшись к своим, призывно махнул рукой. Те, подхватив аппаратуру, двинулись к вертолету.

Я еще подумал, что на борту командира будет явный перегруз. Но размышлять над этим времени не было. Тревожно полыхнуло алым табло «Обледенение» — и через мгновение автоматически включилась противообледенительная система. Выждав, когда погаснет табло, я плавно потянул рычаг общего шага вверх, одновременно гася правой педалью поворотный момент от тяги хвостового винта. «Поехали!»

Набрал скорость, поймал боковым зрением ведомого, занявшего свое место в левом пеленге, потом встал в вираж, прикрывая взлет «восьмерки».

Глаза привычно обшаривали местность внизу, в поиске опасности — стрелка с трубой ПЗРК на плече, затаившейся в засаде «зэушки» или просто группы боевиков, которые могут легко расстрелять беззащитную на взлете «вертушку». Но все было спокойно. Калинин доложил, что взлетает. Я как раз проходил рядом со склоном, с которого он взлетал. С таким перегрузом, как у него, стартовать надо было на максимальной мощности. Конечно, для такого аса, как командир, это было ну как два пальца об асфальт...

«Восьмерка» напряглась. Винт, как напряженное древко лука, буквально выгнулся, вытаскивая за собой из липкого горного чернозема тяжелую тушу кабины. Отрыв. «Восьмерка» плавно пошла вверх, набирая высоту, и вдруг, словно упершись во что-то, застыла в десятке метров от земли. Было видно, как она пытается преодолеть притяжение, как ее болтает из стороны в сторону. Все это продолжалось буквально доли мгновения, а потом неожиданно «восьмерка» неуклюже рухнула вниз. Ударилась о землю и тяжело заскользила вниз по пологому склону, врезавшись винтом в кустарник по краю площадки приземления...

Завороженный этой картиной, я сам лишь в последнее мгновение крутым виражом увернулся от склона соседней горы. Когда развернулся, вертолет Калинина уже замер, уткнувшись носом в борт оказавшейся на его пути БМП. Лопасти винта, теряя скорость, стригли воздух буквально в метре от палатки с красным крестом на брезентовой крыше.

Приказав ведомому продолжать патрулирование района, я резко пошел на посадку.

...Все были живы.

Больше всех досталось сержанту из охраны командующего. Видеокамера, вырвавшись из рук своего владельца, как бревном переломала ему обе ноги и раскроила лицо. Залитого кровью, его унесли на носилках в палатку. Остальные отделались ушибами, синяками и выбитыми зубами. Командующий держался за правый бок. При падении он ударился грудью об угол топливного бака, но от помощи отказался, приказав врачам заниматься остальными.

...Командир курил, сидя на оторванном колесе шасси. Увидев меня, он как-то очень устало кивнул. Отбросил далеко в сторону окурок и поднялся. В нем была какая-то растерянность. Наверное, так же растерянно выглядит птица, которую ветер неожиданно швырнул на скалу.

Опережая мой вопрос, он сказал:

— Надо было выключить «ПОС»...

Больше ничего объяснять было не надо.

...Запустившись, Калинин сразу увидел предупреждение об обледенении. Автоматически запустилась «ПОС» — противообледенительная система, а это значило, что мощность двигателей упадет почти на десять процентов. Для перегруженного борта такая потеря была слишком большой. «Восьмерка» могла не взлететь. Конечно, можно было освободить борт от лишних килограммов. Отправить тех же журналистов дожидаться следующего борта. Но командир решил иначе.

В авиации есть приемы, которые могут выполнять только опытные асы. Приемы на грани риска. И Калинин отлично знал прием, который когда-то был опробован еще в горах Афганистана.

Опытные летчики, чтобы не терять в разряженной атмосфере высокогорья драгоценную мощность, после того как «поска» на земле отработает весь цикл обогрева лопастей и «пэзэу» двигателей, отключают систему и включают ее уже после отрыва, успевая до полного запуска «ПОС» подняться на достаточную высоту и уйти на косую обдувку, компенсировав скоростью теряемую мощность и не допустив опасного обледенения.

Сам Калинин десятки раз так взлетал. Но в этот раз он почему-то понадеялся на авось. И стал взлетать с неотключенной «поской».

Вертолет не успел набрать высоту и, потеряв мощность, упал...

«...Правильно поступает тот, кто относится к миру, словно к сновидению. Когда тебе снится кошмар, ты просыпаешься и говоришь себе, что это был всего лишь сон. Говорят, что наш мир ничем не отличается от такого сна...»

Хагакурэ.
Сокрытое в листве

...Эту книжку на борту Валеры Хромова забыл какой-то журналист. То ли с НТВ, то ли с ОРТ. Не помню. Хромов их в Моздок вез. Они смену отработали. Пьянючие были — в дупель! Лыка не вязали.

Я вообще эту братию не люблю. Есть в них что-то отталкивающее, птичье. Сколько раз видел. Сначала все как сороки переругаются перед посадкой — кому лететь, кому нет. Потом набьются битком. Уже сами видят, что перегруз, а все лезут и лезут. Полчаса борттехник вытуривает лишних. Опять галдеж, ругань, вонь перегарная. В полете обязательно какой-нибудь урод решит втихаря покурить. Довезут их до точки. И там начинается полное шапито! Налетают толпой, галдят, отталкивают друг друга, словно за кость дерутся. Тычут микрофонами, камерами. Суетятся. Поснимают минут тридцать и обратно на борт довольные. Как же — войну сняли! Герои!

А вечером уже еле на ногах стоят. В «чипке» водку ящиками скупают.

Нет, я не говорю, что все такие. Встречаются и среди них нормальные мужики. Но в основном —

гаденький народец. Мы для них так — картинка, говорящие головы. И война эта, и жизнь наша им по барабану. Главное, как они сами говорят, «эксклюзив» снять. Ну, типа того, как танк на мине подрывается, как «вертушка» сбитая падает или на худой случай как «Град» село размолачивает. Вот это класс! Это слава, это бабки! А что в танке пацаны горят, а у экипажа «вертушки» шестеро детей сиротами остались — это херня. Мелочи жизни...

Так вот, книжку эту забыл у Хромова на борту один журналист. Он все читать ее порывался, но после очередной бутылки окончательно сломался. В Моздоке его друзья просто на себе выносили. И уже когда Хромов вернулся в Ханкалу, ее случайно под сидушкой его «бортач» заметил. Сам Хромов чтец не великий — все больше по детективам. А мне стало интересно. Уж больно название у нее было странное. «Хагакурэ» — было написано на обложке.

...Читать у нас нечего. Книг — почти нет. А те, которые есть, — давно перечитаны. Газеты — раз в неделю. И то только «партийные» — «Российская», «Звездочка» и, если достанется, «Комсомолка»...

Начал я ее читать. Сначала все написанное мне полной херней показалось. Сами судите: ***«...Я постиг, что путь самурая это смерть»*** или

«...В ситуации «или — или» без колебаний выбирай смерть. Это не трудно». Ну, полный аут! Только японцам и подходит. Для них, судя по этой книжке, полный кайф — вскрыть себе живот во славу императора или из-за того, что долг вовремя отдать не могут.

Ха! У нас тогда половина армии должна давно себе харакири сделать. Когда родное государство по полгода зарплату не платило, в какие только долги не залезали и как не крутились. Я только этой весной окончательно со всеми рассчитался. Поздно, конечно, но что делать, если мне не платили. Скольких друзей потерял из-за этого. А у японцев, если что — пори себе живот.

Но потом потихоньку втянулся, вчитался...

«...Если теперь посмотреть на мужчин нашего времени, можно видеть, что тех, чей пульс похож на женский, стало очень много, тогда как настоящих мужчин почти не осталось...»

Хагакурэ.
Сокрытое в листве

...Если есть летчики от бога, то Калинин один из них. Командир впервые поднял вертолет в воздух тогда, когда большинство его нынешних подчиненных еще на горшках сидели. По его летной книжке можно смело изучать историю вертолетной авиации. За двадцать пять лет службы Михалыч облетал почти все типы и модификации отечественных вертолетов.

Ему несколько раз предлагали генеральскую должность, но он отказывался. Не хотел уходить из полка. Говорил, что в штабе у летчика «яйца мхом зарастают».

К нему в полк я пришел сразу после училища «свежим» лейтенантом. Провожая нас, начальник училища на банкете насмешливо и почти неприязненно бросил: «Через год в авиации из вас мало кто останется...»

Ему было виднее. Моя учеба выпала на годы «великих перемен». Страна трещала под железной пятой олигархов и вечно умирающего президента. Для нас эти «перемены» обернулись практически полным отсутствием учебы как таковой. Первые два года мы занимались строительством. В год моего поступления из трех вертолетных училищ сделали одно. Но никаких ресурсов под это объединение не выделили. Поэтому мы своими руками строили казармы и классы, тренажеры и столовые. К концу второго курса я слабо себе представлял, какая аэродинамика у вертолета «Ми-8», но в совершенстве изучил различные способы кладки кирпича, особенности разных марок цемента и правила его заливки. А вторые два года учебы я бессмысленно ожидал, когда же родное правительство изволит выделить хотя бы треть от обещанных лимитов топлива, чтобы просто научиться взлетать и садиться на вертолете.

После такой «летной школы» большинство

моих однокурсников действительно думали только об одном — как бы побыстрее уволиться из этого «дурдома». Не скрою, что и сам подумывал об этом. Мол, доберусь до полка и тут же рапорт на стол. Если в училище не летали, то в полках и подавно ловить нечего. Историй про то, как люди дослуживались до майоров, так ни разу и не поднявшись в воздух, я наслушался достаточно...

— Ну что, лейтенант, служить будем или сразу в курятник? — вместо приветствия спросил меня крепкий, татаристого вида комполка, которому я прибыл доложиться о назначении.

— Извините, не понял... — растерялся я такому приему.

— Что не понял? Про курятник? Поясняю. Сейчас половина доблестной российской авиации — курятник. Крылья на эмблемах носят, но нужны они только для того, чтобы до летной столовки побыстрее долететь. — Полковник смотрел на меня, и в глазах его было то насмешливое и спокойное выражение, с каким смотрят на неумелого шулера. Он словно знал, что в моем нагрудном кармане лежит аккуратно написанный за час до этого рапорт об увольнении.

Обидно мне тогда стало, что смотрит он на меня, как на пустое место.

— Если летать дадите, то никуда не потянет! — выпалил я на одном дыхании.

В глазах полковника мелькнула тень удивления...

— ...Если вы мне боевого летчика искалечили, я вашу контору по бревнам разнесу! — громыхал командирский бас Калинина.

— Пальцем не трогали. Товарищ полковник, да он автоматом размахивал. Угрожал... — Милицейский майор как завороженный не отрывал глаз от Звезды героя на груди Калинина.

— Он что еще, и с оружием был?

— Да нет... — смутился майор. — Это он у наряда отобрал. Разоружил милиционеров...

— Да-а-а? — На лице Калинина мелькнуло саркастическая усмешка. — Ну, я его накажу. Ведите к нему...

— Да-да! Уж накажите своей властью, — засеменил за Калининым по коридору майор. И было непонятно, кто кого ведет за собой. Майор Калинина или Калинин майора. — Мы вообще должны возбудить дело по сопротивлению сотрудникам милиции...

— Ага. И написать, что один пилот трех милиционеров разоружил. Заковал их в наручники, загнал в патрульную машину, закрыл их там, а потом спокойно домой вернулся. — Калинин уже не скрывал своего сарказма.

— Ну, мало ли что бывает... — примирительно пожал плечами майор.

Наконец наша процессия остановилась перед обшарпанной стальной дверью камеры. Выводной сержант лязгнул в замке ключом, и она с гулким тюремным визгом открылась. Кисло пахнуло тюрьмой — безысходной затхлостью, парашей и дешевым куревом. С деревянных нар неторопливо поднялся взъерошенный Доценко. Удивленно, но лениво, «с понтом» взглянул на ввалившуюся в камеру толпу, но, узнав Калинина, тут же лихо вытянулся по стойке «смирно».

— Товарищ полковник, старший лейтенант Доценко. Пребываю в капэзэ. Жду дальнейших приказаний!

От этой глупой тирады я думал — согнусь пополам. Но каким-то чудом сдержался.

— Ну что, Рэмбо, доигрался! — Голос Калинина вдруг заполнил все пространство и, казалось, вот-вот сокрушит стены. — Ты на кого руку поднял? На власть нашу поднял. Совсем распоясался! Думаешь, управы на тебя нет? Все! Мое терпение кончилось. Пощады не жди! За мной шагом марш! — И, круто развернувшись, Калинин вышел из камеры, за ним, рубя кроссовками без шнурков строевым, направился Доценко.

— Жуков, получите у товарищей документы этого... типа! — проходя мимо меня, бросил Калинин.

— И что, он его действительно накажет? — с жадной мстительностью спросил меня в дежурке майор, протягивая целлофановый пакет, в котором лежали удостоверение, кошелек, ключи и шнурки Доценко.

— Не сомневайтесь. В порошок сотрет! — радостно ответил я. — Да ему теперь лучше самому в петлю лезть...

— Ну, может, не надо совсем уж так... — удовлетворенно пробурчал майор.

...В «уазике» Калинин протянул пакет с вещами Доценко:

— Какого хера ты вообще с ними связался?

— Душа не вытерпела, товарищ командир. Они старушек у рынка трясли. Которые зеленью торгуют. Мелочь у них из карманов выгребали. Ну, я и... сделал им замечание.

— Доценко, ты в вертолетном полку служишь, а не в отряде Робин Гуда. — В голосе командира опять громыхнула сталь. — Объявляю тебе выговор. И в ближайший месяц все дежурные подразделения, патрули, свадьбы и похороны твои.

— Есть выговор! — с затаенной радостью в голосе откликнулся Доценко.

— И тебе, Жуков, выговор. За то, что с людьми мало работаешь...

Уже подъезжая к городку, Калинин вдруг спросил:

— А как они тебя взяли-то?

— Да их «УАЗ» по городку ездил, с потерпевшими на борту, так сказать. А я с женой и дочкой гулять вышел. Выскочили. Окружили. Ну, не устраивать же драку на глазах ребенка. Сам залез.

— Дежурный, кто сегодня в патруле? — раздраженно схватил трубку рации Калинин. — Найти, и немедленно ко мне. Всякая шелупонь по городку разъезжает, а они — ни ухом ни рылом. Буденновска им мало?..

Я давно заметил, что каждый тип самолета откладывает отпечаток на характер летчика.

Истребители и штурмовики напоминают мне средневековых рыцарей. Заносчивые, эгоистичные и всегда индивидуалисты. Наверное, потому, что истребитель в небе один на один с самолетом. Самолет — и его латы, его щит и меч.

Бомбардировщики, те наоборот — мужики артельные. Как рыбаки — поморы или бригада плотников. И на службе, и в быту. Всегда вместе, всегда все общее. И победа, и поражение. Без одного никогда за стол не сядут. На любом летном кладбище так экипажами в ряд и лежат...

Транспортники — это настоящие пираты неба. В любой точке мира они как у себя дома. Каждый знает, что ему делать. Кто-то самолет готовит к полету, кто-то на КП пробивает «добро» на вылет, кто-то едет на местный рынок затовариваться здешними дефицитами. Хапуги еще те. У транспортников четкая кастовость. Командир никогда не поедет на рынок за партией свежих помидоров, а штурман не станет помогать техникам на заправке...

А вот вертолетчики — пахари войны. Особенно — «восьмерочники». Мужики простые, без гонора и «звездности». «Восьмерочники», как никто другой, близки солдату. Если надо — спокойно заночуют в палатке или пехотном блиндаже, позавтракают из солдатского котла.

Вертолетчики же видят войну не с высоты нескольких километров и даже не с полкового «капэ». Они смотрят на нее в упор. Садятся иногда прямо на передовую, под огнем. Потом техники дырки от пуль и осколков считают, кто сколько привез. Когда большие операции идут, то на полу кабины грязь с сапог, кровь раненых, лекарства из капельниц просто не успевают высыхать, слеживаются в клейкий вонючий пластилин.

Для нас все равны. На борту нет VIP-кресел или скамеек для «третьего класса». Здесь рядком — жопа к жопе сидят — и генералы и солдаты...

«...Если нужно предостеречь господина, но твое положение не позволяет этого сделать, преданность велит тебе найти человека, который поможет господину избежать ошибки...»

Х а г а к у р э.
Сокрытое в листве

Через полтора месяца он упал во второй раз.

Отказал движок. Выходивший все мыслимые сроки, он держался лишь на каторжном труде технарей, вручную перебиравших все его «потроха», чтобы хоть на пару десятков часов продлить еще его ресурс. Но технари не боги. И на посадке, буквально в пяти метрах от полосы, движок вдруг встал, и «восьмерка» упала на полосу.

...В тот же вечер за ужином я услышал разговор в небольшой комнате, где обычно питались наши начальники.

— Все, Михалыч, хватит судьбу испытывать, — узнал я голос Сырцова, зам командующего авиацией Сухво. — В конце недели передашь полк Рашидову, и тебя уже ждут в санатории.

— Василий Анатольевич, я полк не брошу, — после долгого молчания угрюмо ответил Калинин. — Я их сюда привел, мне их и выводить. Это мои люди, я за них отвечаю. Прошу меня оставить с полком. Как друга прошу...

...Я знал, что в Афгане они летали в одной эскадрилье.

— Послушай, Михалыч, — в голосе генерала зазвенело раздражение, — то, что сегодня произошло, конечно, случайность, но эта случайность должна была произойти. Ты завоевался и утратил ощущение реальности. Ты идешь вразнос. Ты бросил командовать полком.

«Где Калинин»? — «Взлетел!» — Я уже не представляю другого ответа, когда тебя разыскиваю. Ты должен управлять людьми, командовать, но вместо этого ты за все хватаешься сам, носишься над Чечней, как рядовой летчик. Ты потерял чувство опасности. А это уже перебор. Ты знаешь, чем это кончается. А у тебя семья. И я должен им вернуть живого отца, а не труп камикадзе...

— Анатолич, я ни о чем тебя никогда не просил, но сейчас прошу как друга. Отмени свое решение. — В голосе Калинина почудилась мольба. — До замены осталось три недели. Разреши мне остаться. Слово даю — в небо без твоего разрешения не поднимусь. Но это мои ребята. Случись чего без меня — я себе не прощу. Ты же был командиром — должен меня понять...

— Михалыч, тебе уже два звонка прозвенело. — Сырцов по-прежнему говорил жестко, но в голосе уже не было металла. Он словно убеждал, уговаривал Калинина, как упрямого ребенка. — Третьего не будет. Ты говоришь — себе не простишь, если что случится с твоими мужиками. А как мне смотреть в глаза твоей Ирине, если с тобой что-то случится? Мне одного Чаплыгина до гроба хватит...

...Герой Советского Союза подполковник Чаплыгин погиб в самом начале войны. Его вертолет был сбит под Ботлихом. Боевики устроили засаду. Кто-то им скинул информацию, что на борту должен был лететь «энгэша»...

— ...Слово даю — в небо без твоего разрешения ни ногой...

— Михалыч, я должен тебя отправить... — упрямо повторил Сырцов, но я понял, что он уступит...

И я вдруг почувствовал неприязнь к Сырцову. Он должен был отстранить Калинина, должен был отправить его на отдых. А он размяк как баба.

Да, Калинин его друг, ну и что с того? Уж он отлично знал, что удержать его в стойле не сможет. Не получится. И, оставляя его в полку, он фактически решал его судьбу.

...Уже на следующий день прилетевший ночью ком. округа Пермяков дал команду, чтобы по точкам его провез Калинин, которого он всегда примечал и которому открыто благоволил. Никто не посмел отказать командующему...

Потом началась подготовка к десанту на Итум-Кале. И вновь Калинин летал больше других, лично отрабатывая и оттачивая все детали операции.

А потом настал тот день...

«...Только малодушные оправдывают себя рассуждениями о том, что умереть, не достигнув цели, означает умереть недостойно. Но те, кто хотя бы раз смотрел смерти в лицо, знают — сделать правильный выбор в ситуации «или — или» практически невозможно.

...Погибнуть можно и от руки врага, который думает только о себе, и от руки друга, который проявил к тебе милость. И та, и другая смерть ничем не отличается от решения стать монахом...»

Хагакурэ.
Сокрытое в листве

...Взлетели в полдень.

Это, скажу вам, было зрелище!

Багровое октябрьское солнце. Кавказский хребет в сине-розовой дымке. Бирюзовое горное небо. И почти два десятка «вертушек» в боевом строю.

Мощь!

Скорость! Азарт!

Френсис Коппола с его «Апокалипсисом...» просто отдыхает...

На подходе к горам группа разделилась. Основная часть взяла курс на Итум-Кале, где выброшенный утром десант оседлал перевал и отбивал атаки ошалевших от нашей дерзости боевиков. Через полчаса еще сто пятьдесят спецназовцев ударят боевикам в тыл и окончательно заткнут «горловину» между Чечней и Грузией.

А наша четверка повернула на восток и пошла вдоль заросшего лесом ущелья, на дне которого в прогалах леса искрилась серебром речка. Мы должны были высадить разведку, которая к утру сядет над дорогой, соединяющей Аргун с Итум-Кале. По ней боевики всю прошлую войну вели снабжение своих отрядов оружием и снаряжением. По ней перебрасывали пополнения, вывозили на лечение раненых. Все три года после той войны русские пленные и рабы расширяли эту дорогу, делали ее доступной для колесного транспорта. «Чечи» готовились к новой войне.

И теперь по этой дороге они, по данным аэроразведки, начали переброску своих «бригад» и «полков» для штурма Итум-Кале. Их командиры очень хорошо поняли опасность русского десанта. Если эту «русскую пробку» не выбить, то сопротивление начнет задыхаться от отсутствия полноценного снабжения.

И эта дорога, по замыслу нашего командования, должна стать могилой для боевиков. Разведка наведет на их колонны артиллерию и авиацию. В узкой горной теснине такие удары особенно страшны.

Наша четверка — это две «восьмерки» с десантом и мы — пара «полосатых» прикрытия. Группу ведет Калинин.

Вообще-то ведущим планировался комэска-два Васькин. Он готовился к полету, отрабатывал маршрут, изучал его. Но в последний момент Михалыч сказал, что поведет группу сам. Васькин только плечами пожал. К неожиданным «взбрыкам» командира мы уже начали привыкать...

...Ущелье внизу начало ветвиться. В разные стороны разбежались отроги.

«Держаться русла! Оно главный ориентир!» — машинально вспомнил я предполетный инструктаж. В верховье реки — гора Кара-Али, одна из вершин которой нависает над серпантином аргунской дороги. На подлете к ней мы и должны высадить разведку.

Калинин закладывает крутой вираж, и вся группа втягивается в один из отрогов. Путеводной нитью внизу петляет тонкая серебряная нить реки.

На мгновение мне показалось, что она слишком узка для речки, но времени размышлять и анализировать не было. Моя задача прикрывать, а вести группу — дело командира...

Минут через семь прямо по курсу начал вспухать склон горы. Кара-Али?

— Приготовиться к высадке! — услышал я голос Калинина. — Ищем площадку. Полсотни второй, внимание на склоны!

— Вас понял! Работаем.

Ручку вправо, педаль вправо, шаг-газ вниз — «вертушка» «змейкой» скользит над пологим склоном горы. На карте Кара-Али две семьсот. Но пологость скрывает высоту. На высотомере сейчас две тысячи метров, а до вершины — всего ничего...

— Садимся! — слышу команду Калинина.

«Восьмерки» стремительно оседают вниз. Приближаются к земле.

Куда они хотят сесть?

Вижу! Прямо на склоне небольшая, в пару сотен метров, поляна. На нее и нацелился командир. И вот уже пневматики впечатались в склон. От вертушек в разные стороны муравьями разбегаются десантники. Все! Дело сделано. Первые из них уже скрываются в лесу. «Восьмерки» взлетают.

— Прибой, я Сорок первый, задание выполнили. Возвращаемся на точку! — слышу я доклад Калинина «земле».

И здесь, прямо перед моей кабиной, проносится золотисто-черный сноп зенитной трассы. Бля!

— По мне работает «зэу»! — слышу я доклад ведомого. — Вторую «зэушку» наблюдаю по склону над площадкой приземления выше двести у сухого дерева!

Неужели нас здесь ждали? Неужели засада?

Неожиданно в наушниках раздается незнакомый голос:

— Зенит, я Комар! Отвечай!

Это авианаводчик разведки.

— Я Зенит, слышу тебя! — окликается Калинин.

— Здесь духовский лагерь. Мы почти в его центре. Ведем бой. Их здесь как вшей! Нужна срочная эвакуация.

— Вас понял! Оттягивайтесь к площадке. Будем вас забирать. Полсотни второй!

— Отвечаю! — откликаюсь я.

— Задави «зэушки»! Идем на посадку. — Голос Калинина неожиданно охрип.

— Сорок первый, я Прибой! Что у вас происходит? — В голосе оператора ЦБУ тревога. — Доложите обстановку!

— В районе высадки десант натолкнулся на крупное скопление боевиков. Пытаюсь эвакуировать людей. — Голос Калинина искажен и буквально пробивается сквозь треск каких-то помех. — По нам ведется огонь из «зэушек» и стрелкового оружия. Прошу помощи!

— Вас понял! Поднимаю усиление!

...Рядом вновь проходит огненная плеть очереди. По спине пробегает холодок. Возьми «дух» чуть вправо, и все... Две «зэушки» это уже очень опасно.

— Игорь, бери вторую выше по склону. По первой я уже работаю! — слышу голос ведомого Сереги Шевцова.

Боковым зрением вижу, как его «полосатый», резко «набычившись», ощетинивается дымными копьями «нурсов», которые тянутся к земле. Я лихорадочно ищу вторую зенитку. Но глаза лишь скользят по густой кроне лесистого склона. Где же ты, сука?!

«Восьмерки» Калинина уже прилаживаются к земле. Вот из леса появились бегущие фигурки людей. Скорее!

Я проскакиваю над вершиной и круто разворачиваюсь.

«Внизу же должна быть дорога!» — вдруг вспоминаю я. Но за вершиной ничего нет. Только крутые отроги, уходящие к горизонту. «Мы сбились с курса! — обжигает догадка. — Мы высадили десантуру не туда!»

И здесь я вижу вторую «зэушку». Среди валунов у высокого сухого дерева. Она то и дело щерится огнем, посылая очередь за очередью в Шевцова. Я лихорадочно доворачиваю вертолет, чтобы как можно точнее накрыть ее.

И в это время слышу срывающийся голос Шевцова:

— Меня зацепило! Падает давление в гидросистеме!

И здесь мой «полосатый» наконец вздыбился от залпа «нурсов». Через пару мгновений зенитка утонула в грязно-дымной копне разрывов.

«Получи, уебок!»

Выше проходит «полосатый» Шевцова. За ним тянется тонкая нить белесого, завивающегося дыма.

— Серега, дымишь!

— Вижу! Падают обороты правого, управление «загружается»...

— Приказываю — уходи! До точки дотянешь?

— Не знаю...

— Уходи, Серега! Я прикрою «толстых».

— Выполняю! Держись, Андрей! — И «полосатый», утягивая за собой шлейф дыма, отваливает в сторону клонящегося к закату солнца.

Есть! Первая «восьмерка» оторвалась от земли и с крутым креном заскользила над склоном в сторону ущелья, разгоняясь до рабочей скорости. Но Калинин все медлит. От края леса к его вертолету двое десантников под мышки тащат третьего. Они то и дело останавливаются, навскидку бьют из автоматов по лесу и вновь, спотыкаясь, бегут к борту.

Чтобы помочь им, круто разворачиваюсь и длинной очередью из пушек обрабатываю опушку.

Вираж. Разворот. И вот уже вновь внизу эта чертова поляна.

Есть! Взлетает!

«Восьмерка» командира резко отрывается от земли и круто уходит в небо.

Еще три-четыре секунды, а потом скорость и высота лучше любой брони укроют ее от огня...

И здесь очередь молчавшей все это время третьей «зэушки» буквально распорола «восьмерку». В разные стороны полетели клочья обшивки. Еще пару мгновений смертельно раненная «вертушка» боролась со смертью. Было видно, как командир инстинктивно пытается кинуть ее в противозенитный вираж, уйти из-под удара. Но было уже слишком поздно. Правое сопло выплюнуло струю пламени — «зафакелило», движки окутались черным маслянистым дымом, и, неуклюже развернувшись в воздухе, «восьмерка» рухнула на склон.

Все было кончено.

— Сука!!! — заорал я, кидая своего «полосатого» на чеченскую «зэушку».

Я видел, как ее расчет разворачивается в мою сторону, как наводчик лихорадочно крутит ручки наводки, пытаясь поймать нас в прицел. Но было слишком поздно — залп «нурсов» накрыл «чечей».

Это вам за командира!

Заложив крутой вираж, я пытался разглядеть место падения Калинина.

Вот он! На склоне, в прогале леса, глаза выхватили знакомый силуэт распластанного на камнях, окутанного дымом вертолета.

Может быть, кто-то уцелел?

Глаза торопливо искали рядом подходящую площадку для приземления, но...

— Полсотни второй, отвечай! Полсотни второй, ответь Сорок первому! — вдруг сквозь треск эфира я услышал голос командира.

«Значит, жив! — на долю секунды сердце до краев заполнила радость. — Жив!» Я торопливо нажал кнопку СПУ:

— Ноль первый, слышу тебя! Я над тобой. Тебя наблюдаю!

Но уже через мгновение радость сменилась бессильной яростью. Я увидел, как со всех сторон к его борту подбираются боевики...

— Ты меня слышишь, Игорь? — опять раздался в динамиках голос Калинина. Он был глух и еле различался в треске эфира.

— Слышу тебя, Михалыч! Слышу! Сейчас я постараюсь их отогнать.

— Отставить, Игорь! «Чечей» кругом как вшей. На борту все мертвы. У меня перебиты ноги, мне не выбраться. Я тебе приказываю «нурсами» — по мне!

— Михалыч, сейчас я их отгоню! — орал я, лихорадочно прикидывая, как помочь Калинину.

— Слушай меня, Жуков! Работай по мне...

Боевики залегли перед «вертушкой», несколько из них под прикрытием дыма подбирались к борту. Прямо из кабины навстречу им полыхали вспышки автоматных очередей. Калинин дрался.

— Прибой, я Полсотни второй! — крикнул я в эфир. — Наблюдаю Сорок первого. Он горит на склоне вершины. Ниже ее двести. На поляне. Его окружили. Пытаюсь прикрыть. Требуется срочная эвакуация!

— Вас понял! — отозвался «капэ». — Пэсэс уже идет к вам.

«Куда они идут? — еще успел я подумать. — Ведь мы сбились с курса...»

Я вновь развернулся на Калинина. В это время в стекле на уровне виска вдруг высверлилась круглая дырка, и что-то ударило по шлему.

— Командир, «чечи» по нам работают, — услышал я голос штурмана.

Рука привычно бросила вертолет вбок, потом так же резко в другую сторону. Игра в «кошки-мышки» — противозенитный маневр.

И в это время по борту словно одновременно ударило несколько молотков. Вертолет дернулся, и на долю мгновения мне показалось, что потерял управление. Но через секунду выровнялся.

— Меня зацепило... — услышал я в динамиках искаженный болью голос моего оператора.

— Вовка, что с тобой?

— Бок зацепило и стеклом лицо порвало. Ничего не вижу. Кровью заливает.

— Держись! Вовка? Вовка?!

Но оператор молчал...

Прямо по курсу лежала «восьмерка» Калинина.

Двое боевиков пытались открыть дверь в кабину. Еще двое били прикладами автоматов по остеклению пилотской кабины. Остальные, словно чувствуя мою слабость, стоя во весь рост, били по мне из автоматов. На плече у одного из них я успел разглядеть тяжелое копье «граника».

— Игорь! — услышал я искаженный болью, затухающий голос Калинина. — Я тебе приказываю. Работай по мне! Не дай им меня взять, слышишь?! Не дай им меня взять! Работай, сынок!!!

У меня еще была доля секунды на решение...

...До гробовой доски я не смогу сказать, почему поступил именно так.

Может быть, потому, что азарт боя отключил

нормальное восприятие и мной управляли скорее инстинкты, чем разум. А может быть, потому, что знал — дороги домой после всего того, что сегодня случилось, у него уже не было...

...И, довернув машину, чтобы лежащая на склоне «восьмерка» оказалась прямо в центре прицела, я утопил кнопку «Пуск» и не отпускал ее, пока последняя ракета не вышла из блока.

— Прощай, Михалыч!!! — крикнул я в эфир, увидев, как «восьмерка» утонула в море огня и дыма.

А потом прямо перед глазами расцвел огненный цветок.

...Почему я не упал, почему не столкнулся со скалой — не знаю. Чудо, наверное. Ведь секунд пять я был без сознания. И все это время «вертушка» сама в небо лезла, словно хорошая лошадь, выносила своих бесчувственных седоков из-под огня.

В себя пришел только на высоте. Остекление разбито, ветер в лицо ледяной бьет. Перед глазами все плывет. Голова как колокол.

...Потом Вовка сказал, что по нам гранатометчик отработал. Вовка очнулся от залпа «нурсов» и видел, как граната, не успевшая взвестись, срикошетировала от «пэзэу» и взорвалась метрах в пятнадцати от кабины. Я вообще ничего не видел. Только огненный цветок, а потом темноту...

«...С незапамятных времен среди самураев просьба стать кайсяку считалась плохим знамением. Причина этого в том, что кайсяку не приобретает славы, даже если хорошо свершит свое дело, но если по какой-то случайности он совершит оплошность, он опозорит себя до конца жизни...»

Хагакурэ.
Сокрытое в листве

Тела Калинина, экипажа и десанта смогли вывезти только через сутки.

Точнее, то, что осталось после залпа «нурсов» и пожара.

Я в это время лежал в госпитале. Врач определил контузию. Голова раскалывалась. Перед глазами крутилось огненное колесо. Я толком не мог стоять, меня качало, бросало из стороны в сторону.

На второй день в палату зашел незнакомый улыбчивый подполковник.

— Следователь военной прокуратуры Горбенко, — представился он. — Я хотел бы уточнить некоторые обстоятельства вашего последнего полета...

Свидетелей последних секунд командира не было. Наш радиообмен «земля» не смогла записать. Горы экранировали радиоволны. Один из осколков гранаты перебил металлическую нить магнитофона. Мой оператор был в это время без сознания. Я остался единственным свидетелем.

Я все рассказал следователю. И про то, как мы оказались в этом районе, и про последний приказ Калинина.

Меня никто ни в чем не обвинил.

Даже орденом наградили. Правда, не за конкретный бой, а в общем — «за участие в контртеррористической операции».

Но словно какая-то стена выросла между мной и остальными.

Я расстрелял Калинина.

Это было как приговор, как клеймо.

Я расстрелял Калинина.

В летной столовке я остался за столом один. Кузьменко улетел в академию. Хромова перевели в Ростов, но никто не занял их места, хотя стол наш считался «блатным» — у окна, с видом на реку.

Меня перестали звать на волейбол. Пряча глаза, доктор сказал, что мне пока играть нельзя. Формально он был прав. Но я-то знал, что причина в ином.

Я расстрелял Калинина!

Через три дня после моего возвращения в полк я встретил Аллу. Вечером она пришла ко мне, но лишь за тем, чтобы уже, надевая платье, отвернувшись к зеркалу, сказать о том, что решила вернуться к мужу — запойному прапорщику из аэродромной роты.

Но могла бы и не объяснять ничего. Я и сам почувствовал, что вместо жадной умелой бабы подо мной лежит зажатая тетка, которая ждет не дождется, когда мужик свое получит...

Она служила в штабе планшетисткой, и все отлично знали, чья она любовница...

Уже на следующий день Алка демонстративно прогуливалась по городку под ручку со своим ошалевшим от ее неожиданного натиска, хмурым от недопоя мужем...

Оправдываться? Глупо. И бессмысленно.

Семья командира почти сразу после похорон переехала в Казань.

А с остальными о чем говорить?

...Я живу один на один со своими мыслями. И чем дальше уходит от меня этот день, тем отчетливее я понимаю, что все было предопределено. Он не мог вернуться из того полета. Не имел права. Живой Калинин, потерявший десант, потерявший свои экипажи, стал бы собственной тенью, позорной оболочкой легенды.

...Он умер в тот момент, когда вдруг свернул с маршрута, перепутал ориентиры. Он был уже мертв, когда высаживал десант. Когда взлетел и в воздухе понял свою ошибку. Он был мертв, но смерть все не спешила забрать его.

И он искал смерть. Но она все медлила, словно испытывала его готовность встретиться с ней.

Искушала пленом. Предлагала позор, но жизнь. И лишь в самый последний миг милостиво подарила ему покой. Спасла его честь.

Но как быть мне?

Я расстрелял Калинина.

Я спас Калинина, но, уходя, он словно бы забрал с собой мою душу. Я словно умер вместе с ним. Так, наверное, уходили в погребальный огонь за своими повелителями самые преданные воины, чтобы и за порогом смерти хранить верность господину.

Кто я?

Оболочка человека или человек, исполнивший свой долг?

Я остался в живых. Я вернулся из того боя. Но неужели я родился и жил лишь для того, чтобы стать кайсяку полковника-вертолетчика, еще при жизни ставшего легендой и откупившегося смертью от позора? Не знаю.

«...Истинная храбрость заключается в том, чтобы жить тогда, когда правомерно жить. И умереть тогда, когда правомерно умереть...»

Хагакурэ.
Сокрытое в листве

СЫНОК

Кудрявцев был свежий лейтенант.

Предыдущие двадцать два года его жизни пролетели в треугольнике Арбат — Лефортово — Сочи. В квартире на Арбате он жил. В Лефортове располагался Институт военных переводчиков, который он закончил с отличием. А в Сочи был санаторий имени Ворошилова, куда Кудрявцев вместе с матерью и отцом — генералом одного из управлений Генштаба — выезжал на отдых.

И потому теперь он с упоением впитывал чумной мир войны. Все для него здесь было новым. И «майонезная» грязь, намертво въедавшаяся в форму, и размеренный, накатанный за тысячи лет быт войны — кочевья, движения. И даже сам ее воздух — коктейль солярового чада, кислого боевого железа, порохового нагара и дыма от вечно сырых дров — пьянил его, кружил голову незнакомым ощущением какой-то первобытной свободы.

У Кудрявцева, втайне от всех сочинявшего стихи, был даже свой образный ряд. Люди вокруг него напоминали ему заготовки из металла.

Вечно зачуханная, робкая пехота была похожа на старые ржавые гвозди, толстый зампотех Вознюк напоминал чугунную, маслянистую чушку. Начштаба генерал Суровикин, пунктуальный и невозмутимый, ассоциировался с блестящим никелированным сверлом. Начальник разведки Маринин, которого он просто боготворил, был похож на совершенный старинный кованый клинок. Себе самому он казался стальной струной, которая звенела на ветрах войны...

Кудрявцев старался быть подчеркнуто аккуратным. Купленный отцом перед отъездом в командировку добротный теплый камуфляж и берцы на меху он каждый вечер терпеливо отмывал от ханкалинской грязи, чтобы утром выйти на развод в чистой форме.

Каждое утро он ревниво оглядывал себя в зеркале «кунга», в котором жил. Из зеркала на него смотрел худощавый, цыганистый (спасибо деду!) брюнет, с тонкой ниткой редких юношеских усов. Его раздражал слишком свежий — «с ноля» — собственный вид. Ему хотелось выглядеть, как Маринин, чей выцветший до белизны «горник», растоптанные легкие берцы и видавший виды рыжий верблюжий свитер безошибочно выдавали в нем настоящего разведчика, «пса войны».

Кудрявцев даже невзначай поинтересовался у старшины роты охраны, долго ли «протянет» его «комок», а то, мол, может быть, стоит новый заказать в Москве? Ответ его огорошил. Старшина, пожилой прапорщик армянин, «успокоил», сказав, что такой доброй форме года два сносу не будет, а учитывая, что в командировку лейтенант прилетел максимум месяца на четыре, то и вообще вернется домой «как в новом»...

Эта собственная «новость» была главным мучителем Кудрявцева. Ему хотелось чувствовать себя зрелым и опытным, снисходительным и сильным. Ему хотелось, чтобы «ржавая» пехота встречала его тем же почтительным уважением, которым она встречала и провожала хмурых «спецназеров» «грушной» бригады. Поэтому он не любил, когда его называли по званию. Обращение «товарищ лейтенант» только подчеркивало его неопытность и наивность. Куда значительнее и лучше звучало обращение по фамилии.

Для повышения собственной «боевитости» он даже выменял у одного возвращающегося домой десантного капитана его старый «разгрузник». Западший на новенький японский плейер, капитан, наверное, посчитал Кудрявцева полным идиотом, когда тот предложил ему махнуть плейер на старый, затертый, латаный разгрузочный жилет. Но Олегу было все равно, что подумает о нем капитан.

Зато он стал обладателем настоящего боевого «разгрузника», в нагрузку к которому расчувствовавшийся десантник отдал еще и пару «лимонок», которые Кудрявцев тут же запихнул в соответствующие кармашки.

И теперь, отъезжая куда-нибудь с Ханкалы, он

всегда надевал этот «разгрузник», лихо рассовывал по карманам гранаты, втыкал в нагрудную кобуру свой штатный «пээм» и, к своему удовольствию, нет-нет, но ловил на себе изучающие взгляды незнакомых с ним спутников, которые явно пытались определить, кто перед ними — неопытный салага или понюхавший пороху боец.

Кудрявцев был прикомандирован к разведуправлению группировки. Но, несмотря на месяц, проведенный здесь, он почти нигде еще не был. Только пару раз он с начальником разведки выезжал в Грозный и один раз в Гудермес, куда сопровождал какую-то международную «гуманитарную миссию», после чего почти полвечера писал рапорт о поездке. Англичане и шведы были явно разведчиками. Их короткие реплики, многозначительные взгляды и «профессиональная» слаженность сразу бросились ему в глаза. И, старательно изображая обычного переводчика с чеченского на английский, Олег напряженно вслушивался в разговоры «гуманитариев», стараясь не пропустить ни слова.

По возвращении его буквально «распирало» от ощущения важности и исключительности того, что он смог «расшифровать» иностранцев. Но реакция командиров на его десятистраничный рапорт была на удивление безразличной. Рапорт просто подшили в одну из папок. Уже потом его сосед по «кунгу», капитан-переводчик из Управления международных контактов, зевая, пояснил, что принадлежность «гуманитариев» к разведке ни у кого сомнений и не вызывала.

— ...По ним даже шифротелеграмма пришла. Здесь вообще обычных делегаций не бывает. Думаешь, очень нужна Западу эта сраная Чечня? Щаз! Им надо, чтобы мы здесь сидели в дерьме по самые уши. И сидели как можно дольше. Потому только разведка сюда и лезет. Привыкай, старичок! В этом дерьме только такие же, как мы, скарабеи роются...

...По диплому Олег был «перс». Языки с детства давались ему на удивление легко. С семи лет он свободно говорил по-немецки, изучив его за два года, пока отец служил в Дрездене. Потом, в московской спецшколе, также легко изучил английский, на котором даже пытался писать стихи и занял первое место на городской олимпиаде. В институте он попросился в группу, изучающую персидскую группу языков. И уже к третьему курсу стал одним из лучших. Фарси, дари и пушту он брал с налета. А на последнем курсе, под влиянием рассказов бывших выпускников о войне в Чечне, в тайне от отца, который был категорически против его «увлечения Чечней», он занялся чеченским языком.

Отличное знание языков плюс генеральские звезды отца определили его дальнейшую службу. По выпуску Кудрявцев получил назначение в одно из подразделений центрального аппарата

Главного разведывательного управления и там продолжил изучение чеченского языка, благо, на новом месте материалов и возможностей для этого было предостаточно. Отдел занимался переводом радиоперехватов...

В том, что его почти не выпускали с Ханкалы, Олег не безосновательно подозревал отца. Кудрявцев-старший, совершенно случайно узнавший от своего товарища, что сын за год умудрился не только стать переводчиком с чеченского, но еще и сам напросился в командировку, пришел в неописуемую ярость. Вызванный «на ковер» в кабинет отца, Олег услышал столько эпитетов в свой адрес, сколько не слышал их до этого за всю жизнь.

— ...Никогда не думал, что вырастил полного мудака! — громыхал отец. — Чего тебе не хватает? Романтики захотелось? Когда тебе чечены жопу на фашистский знак порвут — будет тебе романтика! Я, как последний идиот, пытаюсь устроить его будущее. Готовлю ему нормальную командировку в нормальную страну. А этот... ломится в Чечню. Да ты хоть понимаешь, что ты творишь? Если там... — отец ткнул пальцем в потолок, — ...решат, что ты «чеченец», то все! — так до пенсии и будешь ползать по этому гребаному Кавказу. Ты о матери, стервец, подумал? Как ей, с ее давлением, сказать, что единственный сынок решил в Чечню мотануть, романтики набраться?..

А случись что, думаешь, тебе памятник Путин поставит или, если тебе ногу оторвет, Дашка твоя будет из-под тебя горшки выносить? Хрен ты угадал! Калеки бабам только в фильмах нужны. А так, махнет хвостом — и поминай как звали!..

Из кабинета отца он вышел совершенно сломленным и раздавленным. Если бы в тот же день можно было все отыграть назад, он, конечно, все вернул бы назад. Но армия есть армия — принятые решения в ней обычно выполняются. И уже через неделю семья провожала Олега на аэродром Чкаловский. За эти дни отец немного поостыл. И хотя в его серых глазах не пропал стальной блеск раздражения, он помягчал. Так, вернувшись вечером со службы и оглядев полученный Олегом новый, только со склада, тяжелый ватный бушлат блеклой зелено-морковной расцветки и неуклюжие кирзовые берцы, он хмыкнул:

— В такой робе только зэков на лесоповал водить! Одели армию хер знает во что...

На следующий вечер он привез комплект зимней формы и высокие легкие ботинки на меху. «Сплав» — была обозначена на лейблах и ценниках марка фирмы.

— Держи, вояка! На синтепоне, не продувается и не промокает. И берцы вполне подходящие...

Отцу Олег доверял. В Афгане тот два года командовал полком, а потом после академии еще год дивизией...

Уже провожая его на борт, ежась на январском, пробирающем да костей аэродромном ветру, отец вдруг неуклюже обнял его:

— Ладно, сын, запомни одно. От войны не бегай, но и сам на нее не напрашивайся. Судьба не любит самодеятельности. Головы не теряй. Смотри на старших. Тебя там встретят мужики достойные. И береги себя! Ты у нас один...

...Скорее всего, Кудрявцев-старший посодействовал, чтобы младшего не слишком привлекали к войне. Олега сразу по прибытии оставили при управлении разведки, хотя, как он вскоре узнал, переводчики были очень нужны и в действующих частях.

Небольшую комнатушку в приспособленном под жилье стальном морском контейнере он делил с капитаном-переводчиком Виктором, который, представляясь, сделал ударение на последний слог — Викто́р. Капитан был всего на четыре года старше Олега, но выглядел на все сорок. Болезненно худой, с запавшей под глазами вечной желтизной и ранней плешью, он выглядел просто Кощеем. В первый же вечер, когда Олег «прописывался» по случаю прибытия, Викто́р, поднимая очередной стакан с моздокской мутной водкой, хмыкнул:

— В девяносто восьмом меня два черножопых в Анголе паленым ромом травануло. Они на английскую «сис» работали. И оччень мной были недовольны. Какой мы тогда контракт из-под носа англичан увели... — Он многозначительно сузил глаза, словно из ханкалинского далека пытался рассмотреть двух далеких злобных негров. — Печень тогда из-под ребер просто вываливалась. Пить врачи вообще запретили...

И он выпил, всем своим видом показывая салаге-лейтенанту, насколько героическим поступком для него является это употребление этой «огненной воды».

Сейчас капитан служил в Управлении внешнего сотрудничества. Точнее, дослуживал. Почти полгода он ожидал долгожданного приказа об увольнении. На «гражданке» его уже давно ждало место в каком-то российско-голландском эспэ, которым управлял его друг. И потому эта командировка была ему, как он сам говорил, «как серпом по яйцам!».

— Да я в неделю у Валерки больше заколачивать буду, чем здесь генерал за четыре месяца! — пояснил он.

До отъезда Викто́ру оставался всего месяц, и потому капитан собирался окончательно «лечь на сохранение». Термин этот, как вскоре узнал Олег, означал максимальное сворачивание всякой служебной активности, чтобы по возможности тихо и без происшествий дотянуть до дембельской «вертушки» на Моздок.

И потому, когда «спецназеры» доложили, что в ходе одной из засад был захвачен в плен афганец и Маринин собрался лететь в бригаду, капитан, который должен был лететь с ним переводчиком, откровенно затосковал:

— Твою мать! И больным не скажешься. Маринин потом сгноит за месяц. Он «беременных» на дух не переносит. Пес войны хренов!

Тогда-то Олег и решил попроситься вместо Виктора сопровождать начальника разведки.

— Я подтвержу, что ты лежишь с температурой. А дари, пушту, фарси — мои дипломные языки.

— Ты чего, старичок, серьезно? — изумился капитан. — На хера тебе это надо? У тебя здесь такая должность, что можно хоть до пенсии здесь груши околачивать. Зачем тебе эти горы?

— Я еще ни разу не работал на настоящем допросе, — признался Олег. — Хочу, пока есть возможность, опыт получить.

Викто́р удивился еще больше:

— Ты что, заболел? Совсем сдурела твоя башка. Оно тебе надо? Думаешь, это так интересно? Брось. Это самая грязь войны. Знаешь, почему «грушники» не пишут мемуаров? Да потому, что никто не хочет вспоминать о том, что видел и делал...

Но соблазн «закосить» был для капитана слишком велик, и, помявшись для приличия, он через два стакана дал себя уломать...

...Слетать с Марининым на «боевые» было верхом мечтаний Кудрявцева. Ему казалось, что там, среди войны, Маринин наконец разглядит в нем настоящего «боевика». Человека, готового отдать всего себя службе, армии, Родине...

Полковника Маринина повсюду сопровождала атмосфера молчаливого преклонения. Его должность не позволяла говорить о нем много. Даже его настоящая фамилия была известна только узкому кругу общающихся с ним людей. Для остальных он был «полковником Стрельцовым» или, что чаще всего, «начальником разведки» — без имени, фамилии и звания.

Но даже жесткий занавес секретности не мог скрыть его особого положения.

Все часовые цэбэу знали его в лицо и вытягивались «в струнку», когда он подходил к КПП.

Если он ожидал вертолет, то его всегда приглашали на «капэ» авиаторов, где вертолетные командиры щедро угощали его дефицитным натуральным кофе с пайковой сгущенкой, пока их подчиненные в «зверином темпе» готовили для него борт. Поговаривали, что большинство комэсок и комполков он отлично знал еще по Афгану...

Невозможно было представить, что кто-то мог поднять на него голос, вызвать его фразой: «Немедленно ко мне...», как зачастую выдергивали в штаб зампотыла или коменданта, на которых вечно сыпались генеральские «фитили» и разносы. Маринина приглашали или, в крайнем случае, вызывали подчеркнуто уважительной фразой: «Срочно найдите начальника разведки, пусть выйдет на командующего...»

Маринин никогда не стоял навытяжку в генеральских кабинетах. Ему всегда предлагали сесть.

Даже всемогущий командующий округом обращался к Маринину только по имени-отчеству. Поговаривали, что на первой чеченской войне Маринин спас командующего, когда тот был отправлен Грачевым на переговоры к боевикам и должен был попасть в засаду. Но было это правдой или нет — узнать было не у кого. Сам Маринин никогда ничего о себе не рассказывал.

Только по прилете Кудрявцева в группировку тот, выслушав его рапорт, сказал:

— С вашим отцом я полтора года воевал бок о бок. Не раз и не два мы прикрывали друг другу спины. Рад, что сын Юрия Николаевича пошел по его стопам. Надеюсь, что служба с вами оставит у меня такие же прекрасные воспоминания...

Ореол славы Маринина просвечивал сквозь туман «режимности», как ядро галактики сквозь Магелланово облако. И из оброненных фраз, случайных воспоминаний, невнятных оговорок Олег, как из пазлов, собирал портрет Маринина.

Обмывавший отъезд подполковник ФСБ на перекуре пошутил, что у Маринина в сейфе, если поискать, можно найти даже ногу Басаева, которую после той знаменитой засады начальник разведки чуть ли не лично подобрал.

Майор из службы радиоперехватов проговорился, что только за последние полтора месяца в маргининских «схемах» было ликвидировано три полевых командира.

Но особенно его поразил рассказ майора спецназа, который на прошлой войне ходил командиром группы. Майор, опоздавший на «вертушку», остался ночевать у них в «блоке» и после третьей бутылки водки поведал Кудрявцеву, что именно Маринин на той войне придумал чрезвычайно эффективную «схему» уничтожения чеченских лидеров, которую какой-то штабной острослов прозвал «ловлей на личинку».

Суть ее была проста и безошибочна. Через агентуру выявлялось местожительство ближайшей родни того или иного полевого командира. Группа спецназа выходила в район этого поселка, маскировалась, после чего под видом кровной мести, которая всегда тлела между различными тейпами, ликвидировала того из мужчин, кто наиболее подходил для роли «личинки». Конечно, получивший известие о гибели отца, брата, деда или сына полевой командир срывался на похороны. Где и попадал в подготовленную засаду. «Личинками» убитых называли из-за савана, в который запеленывали покойников мусульмане...

Майор сказал, что именно в такой засаде потерял половину черепа Салман Радуев.

Этот рассказ вызвал в душе Кудрявцева целую бурю. С одной стороны, он не мог не восхититься умом и хитростью Маринина. С другой — он задел его своей средневековой, беспощадной жестокостью...

Кудрявцеву нравилось, как Маринин кверху, «по-гусарски», подкручивает кончики медно-рыжих густых усов. В эти мгновения он был удивительно похож на артиста Ножкина из старого фильма «Хождение по мукам». Как, расхаживая по кабинету, выслушивает доклады подчиненных. Как держит сигарету, не в кончиках пальцев, а почти у основания ладони. Как говорит — негромко, точно, емко. Как умеет смеяться одними глазами. Как небрежно, почти холодно принимает откровенные ухаживания очаровательной официантки Юли, по которой сохла половина тоскующей без женской ласки мужского населения Ханкалы. Всем им — генералам, полковникам, капитанам и лейтенантам — она предпочла Маринина. Но тот, казалось, словно бы и не замечал ее откровенные вздохи, ежедневную смену нарядов, глубокие декольте и собачью готовность в глазах идти к нему по первому зову.

Правда, неделю назад ночью Кудрявцев, возвращавшийся из гостей — от знакомых ребят переводчиков, прикомандированных к ФСБ, — нос к носу столкнулся с начальником разведки. Маринин был не один. Он стоял в тени своего вагончика, и на его плечах лежали руки прижавшейся к его груди Юлии...

Увидев вынырнувшего из темноты Кудрявцева, она быстро отстранилась и сделала шаг назад. Смутился и Кудрявцев, но Маринин словно бы и не заметил его. Он мягко провел ладонью по пшеничным волосам Юли, словно гладил, успокаивал испуганного щенка...

Неожиданно из глубины распахнутой двери вагончика донеслось треньканье полевого телефона. Услышав его, Маринин повернулся к Олегу:

— Кудрявцев, я тебя попрошу побыть джентльменом и проводить девушку до ее вагончика. — Голос его был так же ровен, как если бы он протягивал Олегу пачку документов для перевода...

— Мне нужно идти, — уже мягче сказал он Юле.

Она согласно кивнула.

— Спокойной ночи!.. — Маринин шагнул в темноту вагончика.

И то, как мгновенно Маринин «включил» Кудрявцева в ситуацию, как, обязав помощью, доверился ему, избавившись от необходимости что-либо объяснять, поразило Олега.

С той минуты он чувствовал себя связанным с Марининым какой-то особой нитью доверия...

Начальник разведки, услышав о болезни Волкова, испытующе посмотрел на Олега, который всем своим видом пытался доказать, что все именно так, как он рассказывает.

— Говорить не может. Ангина. Хрипит. Но я могу его заменить. По диплому я «перс». Не подведу вас, товарищ полковник.

Олег рассчитал все точно. Все же за спиной был уже год службы, и «систему» он уже «просекал». Времени разбираться и искать замену Волкову уже не было.

— Хорошо. Со мной полетит Кудрявцев, — решил Маринин.

На следующее утро Олег в неизменном «разгрузнике» стоял рядом с Марининым на площадке приземления.

После короткого доклада комбрига и недолгого совещания, во время которого Олег слонялся по лагерю в сопровождении улыбчивого прапорщика, который знакомил его с расположением бригады, его разыскал посыльный. Когда он подошел к штабной палатке, Маринин с комбригом уже вышли на улицу.

— Ну, где тут у тебя «переговорная»? — спросил Маринин командира.

«Переговорная» оказалась обычным «кунгом» армейского «КамАЗа». Он был разделен надвое невысокой — по пояс — пластиковой перегородкой. С одной ее стороны был небольшой кабинет, где стоял покрытый плексигласом стол с прикрученной к нему настольной лампой, старенький компьютер и несколько раскладных табуреток. Другая сторона «кунга» была до потолка обита жестью. Там была прикрученная намертво мощными винтами к полу металлическая табуретка, перед которой от пола до потолка проходила стальная труба. У табуретки стояло старое мятое цинкованное ведро, наполненное наполовину водой, которая мутно и зыбко отражала в себе потолочные фонари. В «кунге» было зябко, и потому никто не раздевался. Маринин широко, по-хозяйски сел за стол, рядом с ним сели комбриг и начальник штаба. Еще один штабист, чернявый юркий солдат опустился за компьютер. Олег устроился на свободной табуретке с другой стороны стола.

— Ну, давай сюда своего афганца, — скомандовал Маринин.

— Васильченко, давай бородатого! — негромко крикнул комбриг.

Через полминуты «корабельная» дверь «кунга» распахнулась, и здоровый, медвежеобразный прапорщик втолкнул перед собой крепкого смуглого, почти шоколадного бородача. Руки «духа» были скованы наручниками. За ним в «кунг» поднялся часовой. Прапор коротким тычком, словно он загонял в стойло корову, усадил пленного на табурет за перегородкой.

— Садись, гнида! — рявкнул он лениво. Потом он обошел пленного и, встав перед ним, дернул на себя наручники. — Сюды руки давай! Да не дергайся, а то мозги вышибу!

Афганец не знал русского, но все понял по выражению глаз прапора. Он молча вытянул руки перед собой. Васильченко небольшим ключом разомкнул одно из колец наручников, потом тут же крепко перехватил освободившуюся руку своей огромной лапищей и, заведя ее за трубу, вновь «хрумкнул» закрываемым «браслетом». Теперь пленный был прикован к трубе.

— Свободен! — бросил Васильченко часовому, и тот, бросив короткое «Есть!», вышел на улицу.

Сам Васильченко остался стоять рядом с «духом». Он только скинул бушлат и остался в линялом темно-зеленом свитере.

Все молчали. Афганец угрюмо, исподлобья бросал на сидящих за перегородкой офицеров быстрые, настороженные взгляды. Олег заметил, как на его виске вдруг торопливо забилась какая-то жилка.

Маринин внимательно и неторопливо осмотрел пленного. Лицо полковника вдруг закаменело и стало жесткой, холодной маской. Тишина просто давила на уши.

Афганец судорожно сглотнул.

— Как его зовут? Откуда он родом? — наконец негромко спросил Маринин.

Прошла секунда, другая... Маринин бросил на Олега быстрый хлесткий взгляд. «Идиот! Переводи!» — обожгла Олега мысль. И, спохватившись, он повернулся к пленному.

— Есм-е то чист? — торопливо произнес он заученную фразу.

Афганец удивленно посмотрел на него. Он явно не ожидал услышать здесь, за полторы тысячи километров от Родины, родную речь.

— Аз коджо-йе афгонестон хасти? — Олег знал, что сейчас пленный пытается сообразить, как этот юнец так хорошо, без малейшего акцента, да еще с западным наречием может говорить на его родном фарси? И это был миг маленького торжества лейтенанта Кудрявцева. Ради этих секунд изумления врага стоило потратить тысячи часов на заучивание чужих слов, проникновение в ткань чужой речи, терпеливого «вылепливания» собственной гортани и мышц языка под чужие звуки, чужое произношение и даже чужое дыхание. Ведь горловые и шипящие звуки требовали совершенно иного типа выдоха. Короткого, хлесткого, как удар...

Кудрявцев торжествовал. Он смотрел на пленного и пытался увидеть себя его глазами. Чужой офицер перед ним безжалостно вторгся в святая святых — в язык и тем делал совсем беззащитным. Теперь каждая его фраза, каждое его слово будет понятно этим «шурави». Лейтенант лишал его права даже страдать на собственном языке...

— Камиль Джидда аз Кандагар хастам.

— Его зовут Камиль Джидда. Он родом из Кандагара.

— Сколько ему лет? — спросил Маринин, и в

глазах полковника ему почудилась нотка уважительного удивления по отношению к Олегу.

— Тридцать два, — перевел ответ Кудрявцев.

— Как давно он находится на территории России? В чьем отряде воевал?

— Че вахт ба русия омади?.. — Чужой язык буквально лился с губ Кудрявцева.

— Он находится на территории Ичкерии, и на территорию России никогда не ступал. Это русские пришли сюда. Он воевал в отряде амира Абу Вали...

— Повтори ему вопрос, когда он прибыл сюда? И кем он был в отряде?

Афганец выслушал вопрос, но отвечать не торопился. Напряженный, настороженный, он напоминал сейчас дикое, загнанное в угол животное, готовое в любой момент броситься на загонщиков, но сталь наручников не давала это сделать...

— Переведи! — В глазах Маринина вдруг полыхнул незнакомый черный огонь. — Я задаю вопросы — он отвечает. В молчанку я ему играть не дам! Или он хочет вспомнить, как русский спецназ развязывает языки? Когда, с кем и откуда он пробрался сюда?

Олег перевел. В глазах афганца мелькнула неясная тень растерянности.

— Ман инджо аз саур астам...

— Он здесь с мая. В апреле его отряд прибыл в Грузию. Здесь их разделили на две группы и в конце мая на машинах перевезли через горы в Аргун.

— Сколько было человек в группе? Кто был старший? Где их вербовали и кто?

— В группе было восемнадцать человек. Старшим был иорданец Абдалла, он же и пригласил их в Чечню. Абдалле его порекомендовал мулла мечети Аль Саиб, при которой он когда-то учился. Остальных так же набирали из Кандагара.

— Где сейчас его группа?

— Дар горуп-е то чанд нафар буданд?

Афганец бросил на Олега быстрый ненавидящий взгляд. Слова родного языка загоняли его в угол, и он ненавидел этого молодого «шурави» за то, что тот не давал ему отгородиться от всех спасительным непониманием...

— Намигуйам!

Афганец гордо вскинул голову и посмотрел на полковника.

— Он говорит, что не предаст своих братьев по вере.

Ничто не изменилось в лице Маринина. Он вел незримый поединок с пленным, ломал его, колол, давил...

— Васильченко! — негромко, одними губами бросил он, не отрывая взгляда от глаз пленного.

Прапорщик, все это время неподвижной глыбой стоявший над афганцем, шевельнулся, и через мгновение его огромный кулак мощным поршнем впечатался в тело «духа». От удара тот буквально сложился пополам и слетел с табурета. Но прапор не дал «духу» упасть. Он рывком поднял его с пола, потянул на себя и, перехватив хрипящего в судороге боли «духа» за кисти, зацепил их наручниками за крюк под потолком.

Удары вонзались в тело афганца как молоты, сминая, разбивая, мозжа внутренности, ломая ребра. Тот не кричал, нет. Для этого ему просто не хватало воздуха в легких. Он только хрипел и как-то по-бабьи ахал при каждом ударе.

Олег ошарашенно смотрел на это.

Впервые в жизни перед ним так открыто, без смущения и стыда, без пощады и правил забивали человека... Раскрасневшийся, вспотевший Васильченко работал, как хорошо отлаженный механизм. Размах, удар на выдохе! Вдох. Размах, удар на выдохе!..

Хрипы, стоны, мясистые шлепки ударов.

— Сучара! Уебок! Да я тебя порву как манду! — хрипло рычал прапор, заводя сам себя страшными, грязными ругательствами...

И вид этого избиения вдруг взорвался в Кудрявцеве диким необъяснимым стыдом. Он почувствовал, как лицо его заливает багровый жар, словно его поймали на чем-то запретном, унизительном. Словно смотреть на это нельзя, запрещено.

Олег быстро, чтобы никто не заметил, скосил глаза на окружающих.

С лица Маринина ушло окаменение, и в глазах его была только какая-то усталость, опустошение...

Комбриг бесстрастно и отстраненно наблюдал за происходящим, накручивая на палец ус.

Начальник штаба курил, стряхивая пепел в латунное донце от снаряда.

Солдат за компьютером деревянно пялился глазами в пустой экран монитора...

Наконец «дух» обмяк и повис на трубе.

— Хорош, Марат! — так же негромко окликнул прапора Маринин. — Приведи его в себя!

Прапорщик разжал кулаки. Вытер рукавом пот со лба. Подхватил за кисти обвисшего «духа», как тушу снял его с крюка, усадил на табуретку. Потом за подбородок поднял его голову. Зачерпнул кружкой воду из ведра и плеснул ее «духу» в лицо.

— Ну, ты, пидор кандагарский! Глаза открой! — Васильченко несколько раз хлестко ударил афганца ладонью по щекам.

«Убил! — обожгла Олега мысль. — Так просто, взял и убил...»

Но «дух» неожиданно дернулся, отворачиваясь от пощечин, запрокинул голову. Открыл глаза.

Васильченко выпрямился.

Афганец обвел всех мутными, полубезумными от пережитой боли глазами. Было слышно, как хрипло и тяжело он дышит. Неожиданно из угла рта по подбородку потекла тонкая струйка слюны, смешанной с кровью...

— Он будет говорить?

Олег перевел.

Афганец заговорил. Но уже незнакомым, севшим, надтреснутым голосом. Было видно, что каждое слово болью отдается в его изуродованном теле.

— Он говорит, что два его брата погибли в бою с русскими под Кундузом, третьего брата до смерти запытали в «хаде». Отец умер от голода в Пешаваре. И он счастлив, что скоро с ними встретится в раю. Он жалеет, что мало убил русских за это время. Но он сам свежевал их как баранов. Всех русских надо резать, как свиней.

Он говорит, что русские уже не те. Они стали трусливы и робки, как бабы. Боятся воевать. Могут только бомбить и стрелять из пушек. Один чеченец стоит трех русских солдат. И с Чечней теперь весь мусульманский мир. И они поставят Россию на колени...

— Хорош демагогии! Он будет говорить? — нетерпеливо перебил его Маринин

Олег перевел и неожиданно поймал себя на ощущении, что старается говорить как можно безразличнее, всем своим видом пытаясь показать пленному, что он только переводчик и ничего кроме этого. Этот стыд перед афганцем вдруг разозлил Кудрявцева.

«Он — сука! Наемник! Мразь! Он резал наших,

пришел сюда нас убивать! А я разнюнился, как тряпка. Это война!»

Афганец ответил, что его могут забить до смерти, но он никого не сдаст.

Маринин разочарованно вздохнул, потом неторопливо поднялся:

— Это мы поглядим. Васильченко, мы в штаб, а вы с Кудрявцевым поработайте с ним. Как будет готов — дашь знать!

— Есть! Усе зробимо, товарищу полковник!

Васильченко отодвинулся, пропуская мимо себя к выходу офицеров. Потом, когда дверь за ним закрылась, прошел в дальний угол «кунга» и из небольшого настенного ящика достал замотанный в провода и резиновый медицинский жгут полевой телефон без трубки.

— Ну, урод, ты сейчас запоешь! — сказал прапор, поворачиваясь к пленному.

Афганец испуганно сжался.

Но Васильченко легко, словно пушинку, оторвал его от табурета и вновь подвесил за наручники к потолку. Потом достал из ножен на поясе нож и одним резким движением разрезал грязные камуфлированные штаны и синие, байковые кальсоны, обнажая серые худые ягодицы. Потом наклонился и сдернул штаны до колен.

Афганец забился, как пойманная на крючок рыба, но Васильченко впечатал «духу» в поясницу кулак, и тот, охнув, обвис.

Потом прапорщик деловито и быстро раскрутил провода. Один из них он, приподняв длинную полотняную рубаху, воткнул между ягодиц пленного, другой крепко обкрутил вокруг лица и, разжав стиснутые зубы «духа», воткнул конец провода ему в рот. После чего жгутом ловко стиснул челюсти так, что «дух» мог только мычать, но даже выплюнуть провод не мог.

— Лейтенант, спроси эту манду, будет он говорить или нет?

Холодея от предчувствия чего-то ужасного, запретного, Олег перевел. И впервые от себя добавил:

— Богу! Ин афрод шухи намиконанд! Инджо то ро месле саг микошанд.

Но это его участие вдруг зажгло яростью лицо душмана. Стянутые жгутом челюсти не давали ему говорить, и он только что-то промычал, зло сверкая налитыми кровью глазами.

— Ясно! Можешь не переводить. Ну-ка, лейтенант, отойди в сторонку. А то сейчас его так начнет колотить, что мал мала зашибить может.

Олег сделал шаг назад. За его спиной зажужжал генератор телефона.

«Дух» вздыбился, словно неведомая сила схватила его и подбросила вверх. Глаза его вылезли из орбит, а из-под рубахи на ноги и штаны вдруг брызнула струя, растекаясь по грязному полу пенной, мутной лужей.

«Обоссался!» — обожгло Олега, и от ощущения гадливого позора этой картины его передернуло...

За спиной вновь зажужжал генератор.

«Духа» выгибало, корчило и трясло, словно в него вселилась сотня бесов. Наконец он вновь потерял сознание. В ноздрях и углах губ пузырилась кровавая пена. Васильченко поставил телефон на полку и подошел к «духу». Окатил его водой из кружки, пощечинами привел в себя. В глазах «духа» застыл ужас.

— Он будет говорить?

Олег торопливо перевел.

«Дух» что-то промычал.

— Пусть головой кивнет.

— То гап мизани?

Пленный замолчал.

— Хоп!

Васильченко вновь снял с полки телефон...

Все слилось в один непрекращающийся кошмар. Судороги, корчи и мычание «духа», матерщина Васильченко, жужжание генератора, вонь мочи, кровь, пена, глухие шлепки ударов. «Он будет говорить?»

Олегу казалось, что он вот-вот сойдет с ума. Что все это просто наваждение, мерзкий сон. Ему хотелось вскочить, распахнуть дверь и исчезнуть, оказаться дома в Москве, в кабинете отца. Среди книг и семейных реликвий. Но он знал, что это невозможно. Гнал от себя слабость. «Ты хотел узнать войну. Так вот она, война. Это и есть война. Это твоя работа, ты сам ее выбрал. И не смей отводить глаза, сука!»

Он уже просто ненавидел этого «духа» и желал только одного: чтобы тот наконец сдох и с его смертью все это закончилось.

И все закончилось...

— ...Он будет говорить?

Истерзанный, полуживой «дух» слабо закивал головой.

Прапорщик распустил жгут, выдернул из его рта провод.

— Ты все расскажешь?

Олег перевел.

— Хуб! Ман родже ба хама чиз мигуйам!... — прохрипел дух.

— Он все расскажет, — с облегчением перевел Олег.

— Хоп! Тогда зови полковника...

— Когда ты в последний раз видел Хаттаба?

«Дух» отвечал почти шепотом. Чувствовалось, что каждое слово дается ему с трудом, при каждом вдохе внутри его что-то клокотало и сипело. Но ни у кого вокруг Олег не видел жалости в глазах. Пленный их интересовал только как «язык», как запоминающее устройство, из чьей памяти они должны извлечь как можно больше.

— Это точно было в Хатуни? Или он не знает?

— Говорит, точно в Хатуни.

Допрос шел уже третий час. Вопросы следовали один за другим, часто перекрещиваясь, возвращаясь друг к другу. Менялись кассеты в диктофоне. Афганец отвечал механически, без эмоций, словно большая кукла. Из него словно выдернули какой-то опорный стержень. Он уже ничем не напоминал того злого, высокомерного душмана, которого несколько часов назад завели в этот «кунг». Теперь это был просто сломленный, раздавленный и жалкий человек.

Наконец Маринин откинулся на спинку кресла. Окинул «духа» долгим взглядом. И под этим взглядом «дух» как-то съежился, сжался, опустил голову.

— А говорил — не предаст братьев по вере... — В голосе полковника Кудрявцеву почудилось снисходительное презрение. И это презрение к сломанному им же пленному вдруг отозвалось в Олеге невнятной неприязнью. «Неужели ему его не жалко? Как он может быть таким жестоким?..»

— Ладно! С этим — хорош! — Маринин хлопнул себя по карману, доставая мятую пачку сигарет. — Пора перекурить и свежего воздуха глотнуть!

— Куда его? В зиндан или в яму? — совершенно буднично спросил, поднимаясь из-за стола, комбриг.

— В зиндан! Подержи его еще пару дней. Поработайте с ним. Может быть, еще что-нибудь вспомнит...

Улица встретила почти угольной темнотой и сухим морозцем.

— Игорь Михайлович, дело к ночи. Я распоряжусь насчет ужина и ночлега? — спросил комбриг.

— Не откажемся. Так, Кудрявцев? — неожиданно улыбнулся Маринин.

Олег только молча кивнул.

— Тогда, Юрий Петрович, дай команду накрывать через часок. А пока поднимай сюда того курьера, которого вы в понедельник взяли. Надо кое-что уточнить. А потом и на ужин.

— Есть! — И комбриг шагнул в ночь.

В зябкой морозной тени «кунга» полковник жадно затянулся сигаретой. Искоса, быстро посмотрел на Кудрявцева. Мгновенно почувствовал его напряжение, каменность...

— Первый раз на допросе?

— Первый, — честно признался Олег.

— Трусит с непривычки?

— Да так... — неопределенно повел плечами. — Уж очень все... — Олег замялся, подбирая подходящее слово и не смея его произнести в присутствии полковника.

— Грязно? — угадал Маринин.

— Да. Грязно! — облегченно выдохнул Кудрявцев.

— Конечно, грязно. А ты как думал? «Извините!», «Пожалуйста!», «Не будете ли так любезны?»...

Маринин говорил глухо, и, казалось, слова его возникали прямо из воздуха.

— Но мы не прокуратура и не милиция. Это у них допросы, следствия, адвокаты и права человека. У них в руках подозреваемый, и их работа доказывать его вину. А мы — военная разведка. Нам ничего доказывать не надо. Мы не ведем расследования, мы добываем информацию. Это наша работа. Этот «дух» — пленный враг, и этим уже все сказано. И от того, как быстро и насколько точно мы получим от него информацию, зависят жизни наших пацанов, исход боев и операций.

Понимаешь?

Олег механически кивнул.

— Ни хрена ты еще не понимаешь! — беззлобно выдохнул Маринин. — Ты что, думаешь, в Отечественную пленные немцы болтали на допросах, как отличники на экзаменах? Так это только в кино они радостно выкладывали все, что знают во имя пролетарской солидарности и мирового интернационала. Можешь поверить — фанатиков и убежденных «наци» среди них хватало. Никогда не задумывался над тем, куда девались «языки» после того, как их раскалывали?..

— В тыл отправляли, — механически ответил Кудрявцев.

— Только в порядке исключения. И только особо ценных «языков». А так — слишком много возни. Конвой гонять за тридевять земель, когда каждый солдат на счету. Поэтому обычно после допроса — нож под девятое ребро и — в яму! Этот «дух» знал, на что идет, отправляясь сюда. И я не представитель армии спасения...

Маринин стряхнул пепел на железные ступени «кунга». И, прочитав на лице Олега растерянность, добавил:

— Да ты не комплексуй, Кудрявцев. Все мы через это проходили. Я сам в Афгане чуть под трибунал не попал. Пожалел афганку беременную. Я на нее наткнулся у арыка. Должен был ее «завалить». Но пожалел. Связал, оставил. Конечно, никому ничего не сказал. Думал — не скоро развяжется. Успеем уйти далеко. А она стропу зубами, как ножовкой, в пять минут перегрызла. И уже через час у нас на хвосте туча «духов» сидела. Если бы не «вертушки» и не «броня» твоего бати — так бы на камнях все и остались. Вытащили они нас. От трибунала меня спасло только то, что «двухсотых» не было...

Война — это грязное и кровавое дело. И жалости не стесняйся. Жалость зверем не дает стать. Так что бери себя в руки, и пошли работать!

...Олег попытался увидеть полковника молоденьким лейтенантом, который, пожалев афганку, фактически подставил группу под неминуемую гибель. Не получилось. Нынешний — жестокий, расчетливый — Маринин никак не походил на наивного, милосердного лейтенанта.

Пока пошли за пленным, комбриг отвечал на вопросы Маринина.

— В лесу его взяли. В трех километрах от Гехи. Связной. Шел в Гудермес с видеокассетой от Абу

Умара. Фээсбэшники там работают. Целую сеть уже расковыряли.

— Это у него джипиэска была?

— Так точно. Говорит, что должен был ее передать на рынке человеку, который приедет на зеленой «шестерке» с фотографией Шамиля на ветровом стекле. Мы выставили наших людей на въезде и выезде, фээсбэшники работали на рынке, но никто не появился.

— А сам он умеет с ней обращаться?

— Умеет. Мы проверили. Он вообще отлично подготовлен. Карту уверенно читает. Со взрывчаткой работает. Взрывных схем нам штук десять нарисовал. Связь знает. Говорит, что полгода в лагере Хаттаба обучался. И потом еще три месяца в Грузии стажировался...

— Вот эта джипиэска меня и интересует...

Второй пленный был чрезвычайно худ и высок. Левый глаз его заплыл черным синяком и превратился в гноящуюся щель. Нос безобразно распух. Он пугливо вжимал голову в плечи и боялся встречаться глазами с сидящими перед ним офицерами. Маринин мгновенно подобрался.

— Имя! Фамилия! — жестко бросил он. — Отвечать быстро!

— Багаудин Резваев, — испуганно пролепетал чеченец.

— Где живешь? Сколько тебе лет?

— В Шали. Улица Свободы, дом пять. Мнэ пятнадцать лет...

Полковник переглянулся с комбригом.

— Пятнадцать? — Олегу показалось, что в голосе Маринина прозвучала легкая растерянность.

— Да пиздит он, — с пренебрежительной уверенностью ответил комбриг. — Восемнадцать ему! Корчит тут из себя пионера-героя. А ну отвечай, сколько тебе лет?

Пленный сжался в комок.

— Отвечай, говорю! Ты тут нас на жалость не дави. Не проймешь! Забыл, сучара, как на казни наших пленных ходил. Сам рассказывал. Нравилось смотреть, да? Ну, так я тебе сейчас лично кишки на кулак намотаю, если врать не перестанешь. Сколько тебе лет?! — почти рявкнул комбриг.

Чеченец вздрогнул, как от удара.

— Восемнадцать... — прошептал он еле слышно.

— Документы при нем какие-нибудь были? — спросил Маринин.

— Паспорт. Но выписан в июле этого года. Мы такие паспорта мешками изымаем. Туфта!

— Я все скажу, — затравленно, скороговоркой пробормотал чеченец.

— А куда ты, на хрен, денешься? — осклабился комбриг. — Да ты теперь для своих — никто. В Гудермесе по твоей наводке уже целую банду взяли. Ты теперь у половины Чечни в «кровниках» ходишь. Я только слово на рынке шепну — и всей твоей семье к утру головы срежут. Хочешь?

— Нет... — еле слышно прошептал пленный.

— Тогда выкладывай все, как на исповеди. Я тут тебе за место Аллаха.

— Я все рассказал... — Пленный в отчаянии сжался в комок.

— Чего? Какое «все»? Да ты еще ничего толком не говорил. Нам еще работать и работать!..

— С кем ты должен был встретиться на рынке? — вмешался Маринин.

— Я его нэ знаю. Человэк должен был прыэхат на зеленой «шэстеркэ». На лобовом стекле фото имама Шамиля.

— Откуда должна была прийти машина?

— Нэ знаю.

Маринин коротко глянул на комбрига. И тот вдруг взорвался:

— Что?! Не знаешь?! Все! Я устал от твоего вранья. Васильченко, эта сука нас третьи сутки за нос водит. Гони сюда «бээмпэшку». Сейчас мы его на стволе повесим. В петле ты обоссышься и обосрешься. А обоссанных в ваш мусульманский рай не берут...

«Это все спектакль! — поразило Кудрявцева. — Они играют. Комбриг — злой следователь. Маринин — добрый...»

И это открытие вновь обожгло неприязнью.

Несчастный чеченец был на грани истерики, его колотила дрожь, а эти двое словно бы и не замечали его состояния. Они играли свои жестокую и страшную игру...

— Я нэ знаю. — По щекам чеченца текли слезы. — Говорылы, что приэдэт человек на «шестерке». Я должен был гулят по рынку у входа. А он приэдэт мед продават.

— О! А про мед ты ничего не говорил, — рявкнул комбриг. — Скрыл, сука! Гони, Марат, сюда «бээмпэ»...

— Нэ надо прапорщык! — завыл чеченец. — Нэ надо «бээмпэ»! Я просто забыл. Я все расскажу...

— Что ты еще забыл сказать? — Комбриг откинулся на спинку. — Ну, быстро вспоминай, пока «бээмпэ» не подогнали. Васильченко!

— Он мед прыэдет продават, — торопливо тараторил чеченец. — Я должен ему быдон принесты для меда. А в бидоне навигацыя.

— Где бидон должен был взять? — спросил Маринин.

— У Махмуда.

— Он знал, для чего бидон?

— Нэт. Знал, что я должен передат кому-то груз. Но о навыгацый нэ знал.

— Кто тебе передал джипиэску?

— Шамиль Автурханов. Спэц по связы.

— Кто при этом присутствовал?

— Ныкого. Мэня амир к нэму отправил получит груз.

— Он сказал, что за груз?

— Да. Сказал, навыгацый для наших братьев. Мы такой изучалы в школе.

— В какой школе?

— Шейха Хаттаба.

— Как ты оказался в этой школе?

— Нас в сэмье пятеро. Отец погыб. Я — старший. Работы нэ было. Позвали в боевыкы.

— И ты пошел? — насмешливо бросил комбриг.

— А куда мнэ было идты? — вдруг вскинулся пленный. — Цистерны из-под нефты мыт? Так я бы сразу сдох. У мэня легкые слабые. Другой работы нэ было. А у Хаттаба стэпэндию платыли. Матери муку давалы, дрова, сестрам помогалы...

Олегу стало пронзительно жаль этого несчастного, измордованного парня. Тощий, высокий, нескладный, он меньше всего был похож на боевика. Этот пацан был настоящей жертвой кавказской мясорубки. Попавший в силу обстоятельств в отряд боевиков, затянутый в водоворот войны, он попал в ловушку, и теперь жизнь его висела на волоске.

«...Пятнадцать лет. Он сказал, что ему пятнадцать». И Олег вдруг подумал, что ему действительно может быть пятнадцать лет. Избитый, распухший, он был сейчас без возраста.

Просто и Маринин и комбриг не хотели признаться себе, что перед ними подросток. Взрослые мужчины, они гнали от себя эту мысль, потому что иначе все то, через что прошел пленный, покрывало их позором. Потому что это знание делало их ремесло не просто жестоким, а бесчеловечным...

И неожиданно он почувствовал, что ненавидит Маринина.

«Зверь. Жестокий, страшный зверь! — подумал он, жадно, почти с вызовом, всматриваясь в лицо начальника разведки. Все — поза, игра! Какой он, на хрен, герой? Палач! Садист и палач!»

И он мгновенно вспомнил рассказ спецназовца о том, как они ловили боевиков «на личинки»...

«Скольких невиновных людей убили по твоим приказам? — молча спрашивал он Маринина. Сколько на тебе крови? Скольких ты отправил в яму?»

...Он освобождался от любви к Маринину стремительно и с каким-то звенящим ощущением опустошения, словно приходил в себя после какого-то тяжелого гипноза. Все, что раньше нравилось ему в этом человеке, сейчас вызывало неприязнь. Все, что казалось прекрасным, — становилось уродливым и убогим.

«Завтра же напишу рапорт и швырну ему на стол! — мелькнула сладостная мысль. — Не хочу служить в армии, которая воюет с детьми и убивает стариков»...

— Что случилось с отцом? — спросил комбриг.

— Погиб, — ответил чеченец.

— Тоже в банде был?

— Нэт. В Афганистане.

— Наемником, что ли, воевал?

— Нэт. Он был прапорщик в Советский Армии. В автобат служил. Их колонну сожглы. В восемдэсят шестом...

Над столом на несколько секунд повисла липкая, звенящая тишина.

— Так что ж ты память своего отца позоришь? — Комбриг откинулся на спинку стула. — Твой отец за Союз воевал. Погиб. А ты в банду ушел.

Чеченец опустил голову.

«Он еще совсем ребенок!» — подумал Олег. Слова пленного об отце окончательно погасили в нем напряжение недоверия. Перед ним был просто запутавшийся, несчастный, затравленный подросток. И он должен был ему как-то помочь.

«Его отец погиб, сражаясь за то же, за что воюем мы, — думал он, наблюдая за Марининым. — Неужели ради памяти его отца он не пожалеет пацана? Ведь его отец был его товарищем».

В голове лихорадочно мелькали планы спасения чеченца:

«Надо предложить Маринину взять его на перевод перехватов. Или предложить забрать его для обмена. Может быть, он подойдет для вербовки. Он же разведчик, курьер. Ценный агент...»

Маринин задал пленному еще несколько вопросов. Неожиданно дверь «кунга» распахнулась, и на пороге появился посыльный:

— Товарищ командир, вас и товарища полковника просит связаться «ноль второй» с «акации».

«Ноль вторым» связисты называли начальника штаба группировки.

— Хорошо. — Маринин поднялся. За ним встал комбриг. — Не уводи его, мы скоро вернемся, — бросил он Васильченко, выходя из «кунга».

— Товарищ прапорщик, разрешите выйти перекурить. — Выждав, пока за командирами закроется дверь, обратился солдат-писарь к Васильченко.

— Что, татарин, сигаретами богат? — переспросил прапорщик.

— Для земляков всегда найдется... — уловил ход его мыслей писарь.

— Хоп! Давай перекурим. А ты, лейтенант, куришь?

— Нет, — мотнул головой Олег.

— Ну, тогда мы скоро...

Дождавшись, пока прапорщик и писарь спустились по ступенькам «кунга» вниз, Олег подошел к пленному.

— Дышь ты бля? (Жить хочешь?) — спросил он его негромко.

Чеченец, услышав родную речь, от неожиданности вздрогнул и удивленно посмотрел на Олега.

— Повторяю, жить хочешь?

— Кашманоз (Хочу).

— Тогда слушай меня внимательно. — Олег старался говорить жестко, впечатывая каждое слово в уши пленного.

— Твоя жизнь зависит от этого полковника. Он большой начальник. Его слово — закон. Расскажи ему все, что знаешь. Говори, что на все готов. Попросись помогать нам. Он должен тебя пожалеть. Расскажи ему еще о своем отце. Борись за свою жизнь. И я тебе постараюсь помочь. Это единственный шанс для тебя. Ты меня понял?

В глазах чеченца появилось какое-то растерянное, озабоченное выражение. Словно он мучительно пытался решиться на что-то и не мог...

— У тебя нет выбора. Или работай с нами — или в яму. Зачем тебе эта война? Мать, наверное, по тебе все глаза уже выплакала...

Олег ничего не успел понять. Он вдруг увидел, что пленный тянет к нему руки. На долю мгновения ему показалось, что тот хочет рухнуть перед ним на колени и, как в дешевом фильме, умоляюще обнять за ноги. И он даже брезгливо отклонился, стараясь увернуться от этих объятий. Но чеченец неожиданно крепко схватил его за «разгрузник», и Кудрявцев почувствовал, как его пальцы шарят у него на груди. И здесь до него наконец дошло, что происходит что-то ужасное. «Пистолет! — обожгла Олега догадка. — Он пытается отобрать у меня пистолет!» В «разгрузнике», в нагрудном кармане, перехваченная брезентовой петлей, торчала рукоятка его «пээма».

Надо было сопротивляться, сбить чеченца с

ног. Крикнуть. Позвать на помощь. Но тело почему-то не слушалось. Его заколодило. Все происходило, как в замедленном кино. Он лишь схватил чеченца за локти и прижал к себе. Прямо перед его глазами запузырился рыжей сукровицей сломанный нос. Чеченец сопел, стараясь оторваться от Кудрявцева, и кровавые брызги впечатывались в лицо Олега, слепили, обжигали омерзением.

Неожиданно на груди что-то резко дернулось, и тут же оглушительно громко ахнул выстрел. За ним второй. Левый бок обожгло, словно к нему прижали раскаленный прут. Олег инстинктивно разжал пальцы и схватился руками за ребра, стараясь зажать, приглушить боль. Этого мгновения чеченцу хватило, чтобы освободиться. Он резко выпрямился и толкнул Олега от себя. Падая на пол, Кудрявцев увидел, как распахнулась дверь «кунга» и в проеме появился встревоженный Маринин. Чеченец развернулся к двери и вскинул пистолет.

«Он убьет его!» — и эта мысль вдруг вернула Кудрявцеву ощущение времени и собственного тела. И понимая, что помешать этому он уже не может, Кудравцев лишь отчаянно, во всю силу легких крикнул:

— Нееет!!!!

От этого крика чеченец вздрогнул, на долю секунды смешался, вжал голову в плечи. Грохнул выстрел, и на правой стороне груди Маринина высверлилась черная прореха, которая тут же намокла кровью. Полковник охнул и тяжело осел на пол. И здесь из темноты дверного проема на чеченца зверем бросился Васильченко.

Тот встретил его выстрелом. Олег увидел, как пуля пробила правое плечо прапорщика и ушла в стенку «кунга». Прапорщик сбил чеченца с ног, навалился на него, стараясь прижать к полу. Но правая рука Васильченко бессильной плетью болталась вдоль тела, и чеченец ужом вывернулся из-под прапорщика, оказался сверху и уже сам тянулся руками к его горлу.

Перекошенное злобой лицо чеченца перестало походить на человеческое и напоминало оскал. Весь остаток сил он пытался вложить в то, чтобы добраться до глотки своего мучителя, впиться в нее ногтями, разорвать, растерзать. И в этой схватке прапорщик уже только защищался, стараясь одной левой рукой скинуть с себя чеченца, разорвать его хват.

И здесь Олег увидел валявшийся в метре от него пистолет.

Кривясь от боли в боку, он повернулся на скользком от собственной крови полу и схватил с пола «пээм». Потом обернулся к дерущимся. Чеченец уже душил прапорщика. Васильченко безуспешно пытался разжать пальцы на горле. Но одна его рука не могла управиться с двумя чеченца. И лицо Васильченко уже наливалось багровой чернотой удушья.

Эта картина вдруг взорвалась в Кудрявцеве дикой ненавистью.

Он вскинул пистолет и, поймав на линию огня лицо чеченца, крикнул:

— Смотри сюда, сука!

Тот оторвал взгляд от прапорщика. За долю секунды на лице чеченца промелькнуло изумление, злость, растерянность, а потом оно закаменело в предчувствии смерти.

Кудрявцев нажал курок. Оглушительно грохнул выстрел.

Пуля вонзилась чеченцу в левый глаз и, пронзив голову, выбила затылочную кость, разметав мозги и кровь по стене. Тело его дернулось и мешком осело на прапорщика, заливая его лицо горячей густой кровью, выплескивающейся толчками их черной глазницы.

Олег опустил пистолет.

«Это я во всем виноват! — пульсом билось в мозгу. — Боже! Как стыдно! Из-за меня все это...»

...Он смутно помнил, как в «кунг» ворвались спецназовцы. Как прибежали комбриг с начальником штаба. Как, кривясь от боли, Васильченко что-то им объяснял, стирая рукавом кровь с лица. Как, наклонившись, комбриг орал в лицо Олегу что-то злое и обидное.

...Потом его куда-то несли. В большой белой палатке над ним наклонился врач. Блестящими острыми ножницами он разрезал свитер и футболку, раскрывая рану на боку. Обработал ее чем-то мокрым, жгучим, осмотрел.

— Ничего серьезного, лейтенант! Повезло тебе. Пороховой ожог, и мышцы порваны. Даже ребра целы. Вскользь прошла. Сейчас уколем, и вообще ничего не будет беспокоить...

Рядом на носилках тяжело дышал Маринин. Его серое, землистое лицо было покрыто тонким бисером пота. Вся грудь его была плотно забинтована.

— А он? Он будет жить? — спросил Олег доктора, боясь услышать самое страшное.

— Трудно сейчас сказать, — врач отвел глаза. — Пуля прошла навылет. Пневмоторакс мы блокировали. Есть кровотечение, но пока вроде не сильное. Главное, его побыстрее в госпиталь на операционный стол...

Васильченко скрипел зубами и матерился, когда врач обрабатывал его обильно сочащееся кровью простреленное плечо.

— Иваныч, дела серьезные. Тебе нужна операция. — На лице доктора появилось страдальчески-сочувственное выражение. — Сустав прострелен. Надолго ты отвоевался...

...Промедол навалился на Кудрявцева теплым ватным одеялом и дремотой. Он, как со стороны, слышал разговоры вокруг себя.

— Дурень! Да тебе не то што пистолет. Тебе

собственный хуй еще в руки рано доверять, — громыхал где-то над ним Васильченко. — И где вас только таких штампуют?! Да тебя под трибунал надо отдать за это. Бля, как же болит...

«Прав был папа — «Войны сам не ищи!» Зря не послушался...» — лениво билось в мозгу. И стыд вновь вцепился в душу. «...Как же я теперь ему в глаза посмотрю? И мама. Что с ней будет, когда про меня расскажут?..»

Потом его подняли и, накинув на плечи бушлат, поддерживая под руки, вывели на улицу. За палаткой в ночном поле, в свете фар прожекторов стоявших по краям бэтээров, ревел движками вертолет. Его винты в призрачном ярком свете превратились в два светящихся диска. К нему Олега и повели. Впереди на носилках несли Маринина. Рядом, осторожно прижимая руку к боку, шагал Васильченко.

У борта по лицу резанул ураганный ветер из-под винта. Он сорвал с плеч и унес куда-то за спину куртку. Но Олег даже не обернулся. Ему хотелось только одного — как можно быстрее улететь отсюда.

Кто-то догнал его, и чьи-то руки вновь накрыли его курткой и прижимали ее к плечам, пока он не поднялся в кабину. Последними на борт заскочили несколько спецназовцев в полной экипировке. Один из них, судя по всему командир, держал в руках прозрачный пластиковый пакет. В нем лежал блок кассет и пистолет.

«Мой!» — обожгла Олега догадка.

Его «пээм» отправился вслед за ним, как молчаливый свидетель и доказательство его позора...

...Олег вглядывался в лицо лежащего на носилках Маринина. Сейчас он особенно остро чувствовал свою вину за все, что произошло. У ног лежал раненный по его вине человек. И жизнь его висела на волоске.

Олег вдруг вспомнил, как ненавидел полковника там, в «кунге», как хотел швырнуть ему в лицо рапорт об увольнении, и почувствовал, что лицо заливает багровая едкая щелочь. И он отвернулся, словно полковник в своем небытии мог прочитать его мысли, узнать о том его малодушии.

«Как я мог? Господи, какой же я идиот...»

Жалость к Маринину, стыд перед ним за свою слабость и невозможность что-либо изменить душили Кудрявцева подступившим к горлу полынным комком, застили глаза нежданной солью. Он чувствовал, что вот-вот расплачется от унижения и собственного бессилия.

Неожиданно в сумеречном освещении кабины Олег увидел, как у Маринина дрогнули веки и через мгновение тот открыл глаза. Медленно и тяжело осмотрелся. Увидел Васильченко. Слабо шевельнул рукой.

Васильченко заметил это движение и, кривясь

от боли, наклонился над Марининым, приложил ухо к его губам... Тот что-то прошептал ему в самое ухо. Васильченко повернул к нему лицо, что-то проговорил, мотнув головой в сторону Олега. И на лице Маринина вдруг появилось устало-безмятежное выражение. Он словно сбросил с плеч какой-то давивший его груз. Потом он вновь открыл глаза, нашел взглядом Олега и так же приглашающе шевельнул пальцами.

Олег встал со своего места и опустился на колени рядом с носилками. Наклонился над Марининым.

— Слушай сюда, Кудрявцев! — услышал он сквозь мерный свист движков срывающийся хриплый шепот. — Сломаешься, ляжешь — грош тебе цена! Так и будешь окурком. Не ссы! Прорвемся...

Потом Маринин вновь впал в забытье...

...Олег сидел у круглого иллюминатора и смотрел в ночь. И огромная ночь, опустившаяся над миром, смотрела на него. Он был малой песчинкой, искрой, летевшей в ледяной высоте. Искрой, навсегда потерявшей свой костер, утратившей рай, скользящей от огненного, светлого рождения во тьму, к неизбежному небытию.

И в этой темноте, одинокий и беззащитный, он вдруг впервые в жизни ощутил свою конечность на этой земле. Он понял, что однажды умрет. И навсегда потерял бессмертие...

Неожиданно лица Олега коснулось что-то легкое, как осенняя паутинка или чей-то выдох. Это душа убитого им чеченца прощалась с прахом земной жизни и в последнем своем полете, с немым удивлением, заглянула в лицо своего убийцы. Но он даже не заметил этого касания и лишь досадливо сморгнул, избавляясь от неприятной не то соринки, не то волоска на реснице.

...Уже на посадке он вдруг вспомнил изумленное, сведенное страхом смерти лицо чеченца, которого он убил.

Но ни жалости, ни горечи, ни стыда в Кудрявцеве уже не было...

Содержание

Литературно-художественное издание

АФГАН. ЧЕЧНЯ. ЛОКАЛЬНЫЕ ВОЙНЫ

Владислав Шурыгин

РУССКИЙ КАПИТАН

Издано в авторской редакции

Ответственный редактор *А. Дышев*
Художественный редактор *С. Курбатов*
Технический редактор *Н. Носова*
Компьютерная верстка *Е. Мельникова*
Корректор *И. Гончарова*

ООО «Издательство «Эксмо»
127299, Москва, ул. Клары Цеткин, д. 18/5. Тел. 411-68-86, 956-39-21.
Home page: **www.eksmo.ru** E-mail: **info@eksmo.ru**

Подписано в печать 26.11.2008.
Формат 80×100$^{1}/_{32}$. Гарнитура «Таймс». Печать офсетная.
Бумага газ. Усл. печ. л. 14,8.
Тираж 5000 экз. Заказ № 9389.

Отпечатано с предоставленных диапозитивов
в ОАО «Тульская типография». 300600, г. Тула, пр. Ленина, 109.

Александр
ТАМОНИКОВ
СЛОВО ОФИЦЕРА
ЧЕСТЬ ИМЕЮ
Александр ТАМОНИКОВ
ОБЕТ НА КРОВИ
От автора «Грозовых ворот»
ЧЕСТЬ ИМЕЮ
Александр ТАМОНИКОВ
ЛЕШИЙ
Александр Тамоников
ГРОЗОВЫЕ ВОРОТА
Александр Тамоников
ГРОЗОВЫЕ ВОРОТА-2
Те, кто выжил
СПЕЦНАЗ
www.eksmo.ru
Александр Тамоников –
лауреат литературной премии «Золотое перо России»,
автор многочисленных бестселлеров.
ЛУЧШИЕ КНИГИ О РОССИЙСКИХ ОФИЦЕРАХ!